千葉県謎解き散歩2

●森田　保

新人物文庫

はじめに

千葉県北西部は東京都と隣接しているため、一部の県民は「千葉都民」ともいわれ、しばしば「東京」に目を向けがちです。しかし、改めて県内に視点を移してみると、歴史や文化、自然など、多彩な特長に恵まれていることがわかります。

実は、千葉を見つめ直そうという流れは、すでに半世紀以上前から提唱されてきました。たとえば、千葉県の歴史を地域からしっかりと捉えようという動きは、昭和二十五年（一九五〇）に地方史研究協議会が千葉で開かれたころに起きています。会の発足に関係した千葉県出身の歴史・民俗学者、和歌森《わかもり》太郎氏は「従来の郷土史が郷土自慢をするかのように自分たちの郷土の古さや、中央の偉人や権力者たちのつながりの濃かったことを調べたり書きたてたりするふうが濃く、余り頂けたものではなかった」と述べています。

「郷土自慢」や「郷土の古さ」はともかく、「中央とのつながり」に重点を置きすぎることは、各地域が放つ豊かでたくましい魅力をないがしろにしてしまう危険性を秘めているということです。

二〇一一年、本書のパート1である『千葉県謎解き散歩』が刊行されました。これは、ありがたいことに、千葉県を中心に多くの人に読んでいただきました。これは、自分とゆかりのある地域をもっと知りたいという好奇心が、根強く残っている証《あかし》といってもいいでしょう。そこでパート2となる本作でも、引き続き、「歴史」「宗教」「民俗」「人物」「産業」などのテーマに分け、千葉にまつわる様々な話題を取り上げることにしました。

度重なる市町村合併により、旧町村名や大字、小字などの地名は次から次へと姿を消し、旧道、社寺、伝説、伝統産業などについても耳にする機会が少なくなりました。それらについて知るには、専門事典を調べるか、古老に尋ねるほかないケースも増えています。本書が、多少なりともそれら「専門事典」や「古老」のような役割の一端を担うことができれば、編著者として大変嬉しい限りです。

二〇一四年二月　　森田　保

千葉県謎解き散歩2

目次

第2章 歴史編

第3章 人物編

第5章　産業編

第6章　生物編

千葉県市町村地図

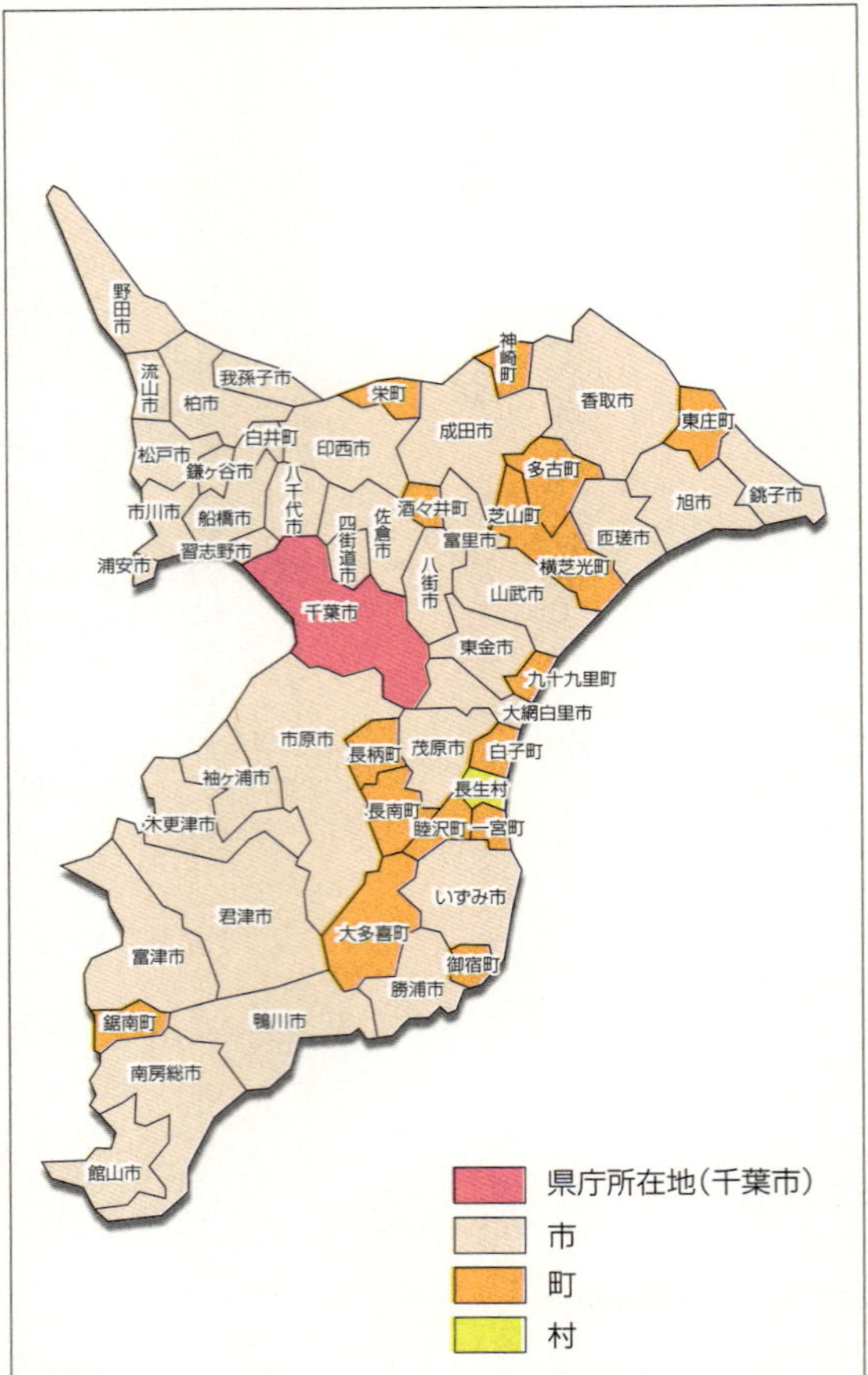
野田市
流山市
我孫子市
柏市
白井町
松戸市
鎌ケ谷市
市川市
船橋市
八千代市
浦安市
習志野市
印西市
栄町
神崎町
成田市
香取市
東庄町
多古町
旭市
銚子市
酒々井町
四街道市
佐倉市
芝山町
富里市
匝瑳市
横芝光町
八街市
山武市
千葉市
東金市
九十九里町
大網白里市
市原市
長柄町
茂原市
白子町
長生村
袖ケ浦市
木更津市
長南町
睦沢町
一宮町
いすみ市
君津市
大多喜町
富津市
御宿町
勝浦市
鋸南町
鴨川市
南房総市
館山市
県庁所在地(千葉市)
市
町
村

データでみる千葉県

（　）は全国順位

総面積	5156．61㎢（28）
県の花	菜の花
県の木	マキ
県の魚	タイ
人口	総計619万3656人（6）
	男　308万2046人
	女　311万1610人
	〈2013年12月時点〉
平均年齢	44.3歳　（40）
	〈2010年時点〉
平均寿命	男　79.88歳　（13）
	女　86.2歳　（34）
	〈2010年時点〉
平均初婚年齢	男　31歳　（5）
	女　29.1歳（7）
	〈2011年時点〉
1人あたり県民所得	272万5000円
	〈2010年度〉
常用労働者平均月給額	32万2896円　（22）
	〈2011年時点〉
大学数	39
公共図書館数	91
博物館および博物館相当施設数	42

出所：「指標で見る千葉県2013」〈千葉県〉

千葉の花めぐり

12

①満開のポピー（南房総市）

1月から4月末ごろまでがシーズン。花畑では花摘みができる。

②千葉公園の大賀ハス（千葉市）

6月下旬から7月上旬が開花のピーク。8月中旬まで楽しめる

③本土寺の花菖蒲（松戸市）

6月上旬に5000本が咲き渡る。6月下旬にはアジサイも咲く。

④郭沫若庭園の芝桜（市川市）

4月中旬から下旬に見ごろを迎える。同じころに咲く菜の花も見事。

⑤清水公園のつつじ
（野田市）

4月下旬から5月上旬に開花のピークを迎える。2万株が咲き誇る。

⑥高圓寺の長寿藤（市川市）

花穂が1メートル以上にもなり、多くの人を魅了する。見ごろは5月。

⑦千倉のストック（南房総市）

1月から5月までがシーズン。たくさんの人が花摘みに訪れる。

⑧あけぼの山農業公園のチューリップ（柏市）

4月中旬から下旬に15万球から開花する。つつじや芝桜も楽しめる。

⑨谷津バラ園のばら（習志野市）

5月中旬～6月上旬、10月上旬から11月下旬の時期に開花を迎える。

⑩浜辺に咲くハマダイコン（南房総市）

3月中旬から4月中旬にかけて、潮風に吹かれながら一面に咲き誇る。

⑪長福寿寺の紅花（長生郡長南町）

6月中旬から下旬にかけて見ごろを迎え、約10万本が咲き渡る。

⑫吉高の大桜（印西市）

樹齢300年の一本桜。3月末から4月初旬に満開の花をつける。

第１章　千葉県をもっと知ろう

千葉駅前

千葉県をひとめぐり

平均標高が日本で最も低い千葉県は、今後、発展の可能性大！

千葉県は、四方を海と川に囲まれ、水と緑の豊かな自然に恵まれている。その総面積は五一五六・六二平方キロメートルで、二〇〇～三〇〇メートル級の山々が続く房総《ぼうそう》丘陵、比較的平坦《へいたん》な下総《しもうさ》台地、利根川《とねがわ》流域と九十九里沿岸に広がる平野からなっている。

その千葉県の平均標高は四五メートル。これは日本一低い数字で、二位の沖縄県（八二メートル）を大きく引き離している。県全体で見ても、一〇〇メートル以下の場所が八五％を占めており、国土地理院の試算によると、もし今後、海面が一〇メートルほど上昇するようなことがあると、千葉県は本州の沖に浮かぶ島の一つになってしまうとか。

千葉マリンスタジアム

成田山新勝寺総門

そんな千葉県の総面積は全国で二八位。だが、可住地面積となると、一気にランキングが跳ね上がる。可住地面積とは、農地や道路も含め、居住地に転用可能なすでに開発された面積の総計のことだが、千葉県は約三四八七平方キロメートルで全国六位。さらにその比率（各都道府県における総面積のうち可住地面積が占める割合）は六七・六％と、全国でもトップクラスなのである。

つまり、利用しやすい平坦な土地をまだまだ有しており、しかもメガロポリス東京と隣接している千葉県は、まだまだ発展の余地が大きい！　ということなのである。

南房総の花畑

香取神宮

豊かな自然が残る房総丘陵

さて、千葉県の地形が、房総丘陵、下総台地、利根川流域と九十九里沿岸に広がる平野からなっていることは前述したが、まず房総丘陵の概要を見ていこう。

房総丘陵は、茂原《もばら》市と木更津《きさらづ》市を結んだライン以南の房総半島中南部に広がっている。この房総丘陵には、千葉県最高峰の山である愛宕山《あたご》(南房総市)がある。と言っても標高四〇八メートルで、東京スカイツリーの展望回廊(四五〇メートル)よりも低い。

かつて、安房《あわ》国に逃れた源頼朝《よりとも》が山頂に地蔵菩薩《じぞうぼさつ》を奉納し、再起を誓ったと伝えられている山で、県内にはほかに愛宕山と称する山が複数存在するため、嶺岡《みねおか》愛宕山とも呼ばれている。山頂には航空自衛隊の防空レーダー施設(峯岡山《みねおかやま》分屯基地)があり、山頂脇にあ

犬吠埼

田園風景を走る小湊鉄道

る三角点および愛宕神社も施設の構内にあるため、そこまで行くには、事前の申請が必要だ。

なお、この愛宕山をはじめ、嶺岡浅間など周辺の山々も含めて嶺岡山系と称されるが、豊かな自然が残されており、県立嶺岡山系自然公園に指定されている。

また、この一帯では、律令時代の昔から、馬の放牧が行われていたが、戦国時代初期に安房里見《さとみ》氏がそれを再興したと伝えられている。まさに『南総里見八犬伝』（滝沢馬琴《ばきん》）の舞台となった地であり、伏姫籠穴《ふせひめろうけつ》、犬掛《いぬかけ》古戦場、里見氏の墓、滝田城址《じょうし》、延命寺などが点在している。

さらに、房総丘陵では、将軍徳川吉宗《よしむね》の時代に、インドから伝来した白牛が飼育されていたとされ、日本における酪農発祥の地ともされている。

佐原の水郷

泉自然公園（千葉市）

ちなみに、この一帯の地層は下総層群と呼ばれる約四五万～八万年前に形成された堆積層だが、断層が多く、昔から山崩れや地滑りが多発、現在もなお対策工事が進められている。

都市化が進んだ下総台地

その房総丘陵の北部に位置しているのが下総台地である。埼玉県東部の春日部《かすかべ》市から千葉県北西部の野田市、船橋市にかけての台地と、成田市や香取《かとり》市を中心とする台地で構成されており、標高二〇～四〇メートルのなだらかな台地が続いている。

この地層は、前述した下総層群の上に、火山噴火によって降り積もった関東ローム層が堆積してできたもので、粘度が高く、安定している。

鎌ヶ谷大仏

大福寺の崖観音（館山市）

このあたりでも盛んに馬の放牧が行われ、江戸時代には幕府の放牧地が広がっていたが、明治時代になると、政府が設立した開墾会社による開発が進められ、明治二年（一八六九）から入植が始まり、お茶や麦などを中心とした農業が発展していった。

現在、このあたりには、初富《はつとみ》（鎌ケ谷市）、二和《ふたわ》（船橋市）、三咲《みさき》（船橋市）、豊四季《とよしき》（柏市）、五香《ごこう》（松戸市）、六実《むつみ》・七栄《ななえ》（富里市）、八街《やちまた》（八街市）、九美《くみ》上《あげ》（香取市）、十倉《とくら》（富里市）、十余一《とよいち》（白井市）、十《と》余二《よふた》（柏市）、十余三《とよみ》（成田市・多古町）と、一（初～一三までの数字の付いた地名があるが、これは明治の開墾時に、開墾をした順番によるものである。

さらに明治二十九年ごろから、八街市周辺で落花生の栽培が始まり、大正初期には特産品として知られる

屏風ヶ浦（銚子市）

江戸川

ほどになる。昭和二十四年（一九四九）には落花生の作付面積が八街地区全耕地の約八〇％を占め、日本一の生産を誇るようになった。

また、昭和八年には富里市でスイカの栽培が始まり、昭和十一年に、皇室に献上したことをきっかけに、富里スイカの名が全国に知られるようになったほか、今ではサツマイモの収穫も全国トップレベルとなり、千葉の農業県としての側面を支えている。

その一方で、東京の発展とともに、千葉県の都市化も進んでいった。

特に都心に近い北西部の東葛《とうかつ》地域や印旛《いんば》地域では千葉ニュータウンなど多くの団地が建設され都市化が進行、首都東京のベッドタウンと化している。

吉高の大桜（印西市）

千葉都市モノレール

かつては湖もあった九十九里平野

そして、下総台地の北を流れる利根川沿いと、太平洋に面した九十九里浜沿いには平野が広がっている。

そのうち、九十九里平野は、南北に約六〇キロメートル、東西に約一〇キロメートルにも及び、北は旭市《あさひ》の刑部岬《ぎょうぶみさき》付近から、南はいすみ市の太東崎《たいとうさき》付近まで続いている。

そもそも、このあたりは、今から約六〇〇〇年前の縄文海進のピーク時には水深二～三メートルの海底だったが、その後、海水面が下降するにつれ、陸地となったところである。そのため、現在でも、わずかながら塩分が残る池沼が散在している。

なお、東庄町《とうのしょう》・旭市・匝瑳市《そうさ》の境界付近には、かつて約五一平方キロメートルの広さの椿海《つばきのうみ》と呼ばれ

千葉城模擬天守

幕張新都心

る湖があり、次のような伝説が語り継がれていた。

《この地に邪神が住む椿の大木があったが、香取の神が、邪神もろとも椿の木を東方の海中に捨ててしまった。そして、その跡地に水が溜まって海になった》

この椿海の周辺には、壬申《じんしん》の乱《らん》（六七二年）で敗れた弘文《こうぶん》天皇の妃《きさき》の耳面刀自媛《みみもとじひめ》を奉じて、下総へ流浪してきた中臣英勝《なかとみのあかつ》やその子孫が住み着いたという伝承も残されている。しかし、その湖は江戸時代に入ると干拓され、延宝《えんぽう》二年（一六七四）からは、新田一町《ちょう》歩《ぶ》あたり五両で売却が開始されたと記録されている。

また、千葉県は漁業が盛んだが、それも深い歴史をもっている。

そもそも、古くからいすみ市の沖あたりは、格好の漁場とされていたが、江戸時代、紀州《きしゅう》（和歌山県）の

谷津干潟

棚田の夜祭り（鴨川市）

鯛《たい》釣り漁師が黒潮に乗って真鯛を釣りながら北上してきて定住し、漁業が大いに発展したのだという。

今も、九十九里から南房総にかけて、白浜や勝浦、網代《あじろ》、石船などといった紀州と共通する地名が多く存在しているのは、紀州からやってきた漁師たちが故郷をしのんで、その名を付けたためだとされている。

最後に千葉県の東京湾沿いについて触れておこう。

浦安市から富津《ふっつ》市までの東京湾沿岸には広大な埋立地が広がり、千葉市周辺あたりまでの鉄道沿線には東京に通う人々の住む住宅街が広がっているほか、市原市を中心に京葉工業地域の中枢として石油化学コンビナートや、製鉄所なども立地している。

まさに千葉は、さまざまな顔をもった県なのである。

（河野浩一）

千葉県の風土と祭り

千葉県は、房総《ぼうそう》半島の東方沿岸を黒潮が流れているため、一年をとおして温暖な海洋性気候に恵まれ、とても過ごしやすい風土となっている。そのため、太古の昔から多くの人々が住み着いてきた。

たとえば、日本最大級の規模といわれる加曽利《かそり》貝塚（千葉市）をはじめ、堀之内貝塚（市川市）、山崎貝塚（野田市）、良文《よしぶみ》貝塚（香取《かとり》市）など、多くの貝塚が発掘され、多くの人々がかなり豊かな生活を送っていたらしいことが明らかになってきている。

また、古墳時代以降も東国の重要拠点として、多彩

加曽利貝塚の復元竪穴式住居

安房白浜の菜の花畑

千葉市立加曽利貝塚博物館　住所／千葉市若葉区桜木8-33-1　交通／JR千葉駅からバス桜木町下車、徒歩約15分

な歴史が繰り広げられる舞台となってきた。その面影は今もなお、数多く残っている。たとえば、四世紀末に築造されたとされる姉崎天神山《あねさきてんじんやま》古墳（市原市）や聖《しょう》武《む》天皇ゆかりの上総《かずさ》国分寺・尼寺跡（市原市）、平将《まさ》門《かど》が開いたと伝えられる将門の井戸（我孫子《あびこ》市）、文《ぶん》明《めい》年間（一四六九〜八七）に築城されたという本佐倉《もとさくら》城跡（印旛《いんば》郡酒々井《しすい》町・佐倉市）、本多忠勝《ほんだただかつ》が築城したとされる上総大多喜《おおたき》城跡（夷隅《いすみ》郡大多喜町）などの遺跡・史跡がそうだ。

また、成田街道（市川市〜成田市）、御成《おなり》街道（船橋市〜東金《とうがね》市）、水戸街道（松戸市〜我孫子市）などの旧街道沿いにも古くからの人々の暮らしを物語る景観が残されている。

そうした風土に根ざした民俗も数多く伝承されてい

ローズマリー公園（南房総市）

本土寺のあじさい（松戸市）

上総国分寺跡　住所／市原市惣社地内　交通／JR五井駅からバス市役所前下車、徒歩10分

る。その典型が祭りだが、たとえば、毎年七月七日から三日間にわたって行われる成田山新勝寺《しんしょうじ》（成田市）の**成田祇園《ぎおん》祭**の歴史は三〇〇年以上前まで遡るとされている。また、関東三大祭りの一つともいわれる**佐原《さわら》の大祭《たいさい》**（香取市）は、八坂《やさか》神社祇園祭（七月）と諏訪《すわ》神社秋祭り（十月）と年二回行われ、氏子町内の山車《だし》が豪華に飾りつけられ繰り出される。**八幡《やわた》の国司祭**（館山市）は毎年九月に行われる鶴谷八幡《つるがやはちまん》神社の天下泰平、五穀成就を祈る祭りで、約一五万人の人出で賑わう安房《あわ》地方最大の祭りだ。北総最大の規模であった佐倉藩の城下町の面影を残す**麻賀多《まかた》神社の祭り**（佐倉市）は毎年十月に行われているし、弘仁《こうにん》元年（八一〇）創立とされる大須賀大神《おおすがおおかみ》の春の例祭である**大須賀大神の祭り**（成田市）では、山車や踊り、伊能《いのう》歌舞伎

成田祇園祭

慈光山金乗院（野田市）

成田山新勝寺　住所／成田市成田1　交通／JR・京成成田駅から徒歩10分

が披露される。**鵜原《うばら》の大名行列**（勝浦市）は毎年旧暦六月七日の八坂神社の本祭りで、鵜原海岸一帯にかけて練り歩くが、新婚の男性を海に投げ込む風習がある。鎌倉中期から続いている**吉保《きっぽ》八幡のやぶさめ**（鴨川《かもがわ》市）は、毎年九月に吉保八幡神社の祭礼神事として行われる。**吾妻《あづま》神社の馬だし祭り**（富津《ふっつ》市）は毎年九月に行われる例祭。「オメシ」と呼ぶ神馬の鞍《くら》に幣束《へいそく》を付け、二人の青年が馬の口を持ち両脇にしがみつき海岸に向かって疾走する。そして、**茂原《もばら》の酉《とり》の市**（茂原市）は毎年十月の酉の日に鷲《おおとり》神社で行われるが、浅草の酉の市の元祖ともいわれている。

祭りには庶民の平穏な日々を願う気持ちが込められる。**八重垣《やえがき》神社の駒まね祭り**（匝瑳《そうさ》市）は毎年七月行

里見公園（市川市）

養老渓谷（大多喜町）

吾妻神社　住所／富津市西大和田98　交通／JR大貫駅から徒歩30分

われる祭礼で、四〇〇年以上の歴史をもつが、その年育った若竹を各戸に飾り、日暮れに持ち寄って、しめ縄を張った境内で燃やし、五穀豊穣、無病息災、商売繁盛などを願う。

万満寺《まんまんじ》の股くぐり（松戸市）は、毎年春と秋の不動祭りの際、仁王門に安置される仁王様の股をくぐると病気、災難よけができ、子どもは丈夫に育つといわれている。また、**鰭ケ崎《ひれがさき》おびしゃ行事**（流山市）は毎年一月に雷《いかづち》神社で行われるが、弓矢によって邪悪を退散させ豊作を祈願する農民の素朴な信仰行事だ。

祭りは人々のエネルギーが爆発する場でもある。**玉《たま》前《さき》神社のはだか祭り**（長生《ちょうせい》郡一宮《いちのみや》町）は毎年九月に行われる関東三大はだか祭りの一つ。裸の男に担がれた神輿《みこし》が九十九里浜の波打際を東浪見《とらみ》の釣ケ崎まで七

下総国分寺（市川市）

鰭ヶ崎のおびしゃ

万満寺　住所／松戸市馬橋2547　交通／JR馬橋駅から徒歩3分

キロ走るが、約一二〇〇年もの歴史がある。**大原はだか祭り**（いすみ市）は、毎年九月に大原地区一八社の神輿が繰り出し、大漁と五穀豊穣を祈願して行われる。

　また、毎年四月行われ、邪神魔神追払い儀の後、利根川《とねがわ》で神輿と身体を清める香取神社の**野田のどろんこ祭り**（野田市）は三〇〇年前から続く奇祭として知られる。

　さて、祭りは毎年開催されるとは限らない。たとえば、**東大社《とうだいしゃ》の式年大神幸祭**（香取郡東庄《とうのしょう》町）は康和《こうわ》四年（一一〇二）より始まった儀式で、二〇年ごとの四月に、神輿、大名行列、剣舞、手踊りなど、二〇〇〇人以上の氏子が往復二泊三日をかけて銚子《ちょうし》の外川浦《とがわうら》まで練り歩く。一二年ごとに開催されるのが**熊野神社の神幸**（旭《あさひ》市）である。卯《う》の年の十月に三川《さんがわ》海岸に渡

千葉神社（千葉市）

和良比のはだか祭り（四街道市）

熊野神社　住所／旭市清和乙718　交通／JR旭駅からバス坂下下車、徒歩5分

御するが、沿道では、氏子が大名行列、下座踊りで供《ぐ》奉《ぶ》する。**下総《しもうさ》三山《みやま》の七年祭り**（船橋市）は、二宮神社を中心として、丑《うし》年と未《ひつじ》年にあたる年に開催される大祭で、船橋市・千葉市・八千代市・習志野《ならしの》市の九神社の神輿が二宮神社境内に参拝に訪れる。**浦安三社祭**（浦安市）は四年に一度、六月に行われる夏祭りで、猫実《ねこざね》の豊受《とようけ》神社、堀江の清瀧《せいりゅう》神社、当代島《とうだいじま》の稲荷《いなり》神社から神輿が出て漁業の繁栄と豊漁を祈願する。**白間《しらま》津《づ》祭り**（南房総市）も四年に一度の祭りだ。七月に行われる日枝神社の大祭で、「ささら踊り」「とひいらい」「えんやぼう」などが繰り広げられる。

そのほか、千葉には多くの神楽や舞、あるいは唄や民話が伝承されている。千葉県の奥深さは、そんなところにも感じられるのだ。（河野浩一）

市川市民納涼花火大会

千葉港

二宮神社　住所／船橋市三山5-20-1　交通／JR津田沼駅からバス二宮神社前下車、すぐ

千葉県の新しい「顔」

「ふなっしー」が全国的に大人気

千葉ではやりしものといえば、「ご当地キャラ総選挙2013」で優勝した船橋市未公認のゆるキャラ「ふなっしー」だ。

千葉日報（平成二十五年〈二〇一三〉二月二十七日付）の報道によると、船橋市在住の原案者（氏名・年齢・性別非公表）が、二〇一一年十一月に、「船橋を盛り上げよう」と誕生させ、当初、市役所や市内の商業施設に売り込んでみたもののまったく相手にされなかった。だが、かってに観光地に行ったり、自分でプロモーションビデオを撮影してインターネットにアップしたところ、あっという間に人気者となったとか。

ちなみに、千葉県観光物産協会のホームページ（二〇一三年十二月現在）には、千葉県の公認ご当地キャラである「チーバくん」や船橋市公認の「船えもん」のほか、全部で一〇九ものご当地キャラが紹介されているが、未公認の「ふなっしー」は当然のことながら入っていない。しかし、人気・認知度とも、「ふなっしー」が独り勝ち状態となっているのが現状である。

新しい市「大網白里市」が誕生

さて、平成二十五年一月一日には、千葉県に新たな市が誕生した。大網白里町《おおあみしらさと》が市に昇格したのだ。

前身となる大網白里町は、昭和二十九年（一九五四）、二町一村（大網町、白里町、増穂村）の合併により誕生、豊かな自然を背景として第一次産業中心の町として発展していた。それが高度経済成長期に入り、千葉市や東京都心部からの郊外型ベッドタウンとして注目され、昭和五十年代からは、町西部の丘陵地を中心に宅地開発が進み、さらにJR京葉線の外房《そとぼう》線乗り入れなどの交通アクセス向上もあって、急速に人口が増加。二〇一〇年の国勢調査で人口五万人を超え、市制施行の条件を満たしていた。それを受け、「市制準備室」が設置され、二〇一三年の市制施行の日を迎えたのである。

進捗しているJR千葉駅の建て替え工事

ＪＲ東日本は、昭和三十八年に現在の位置に移設されていた千葉駅舎および千葉駅ビル（ペリエ）の老朽化が進んで耐震補強が必要なうえ、改札付近の動線や視認性が悪いなどの課題があったことから、平成二十一年に線路上空の三階部分に駅を橋上化、開放感のあるわかりやすい駅空間を確保して、千葉の玄関口としてふさわしい駅づくりを進めることを発表した。

当初は、二〇一五年度に駅舎を、二〇一六年から二〇一七年度にかけて駅ビル・駅ナカを開業させる予定だったが、東日本大震災により、一年繰り延べとなることを発表。現在、工事が進めてられている。千葉市の新しい玄関口が完成するにはもうすぐである。

千葉モノレールリニューアル

昭和五十四年に営業を開始した千葉都市モノレールは、世界最長営業距離（総営業距離一五・二キロメートル）の懸垂式モノレールとして、二〇〇一年にギネス世界記録に認定されているが、平成二十四年七月、新型車両「Urban Flyer 0-type」（通称UFO）の営業運転を開始した。

巨大シロナガスクジラの骨格標本出現

平成二十五年三月、勇魚《いさな》漁の伝統がある南房総市和田町の道の駅「和田浦WA・O!」に全長二六メートルのシロナガスクジラの全身骨格標本が登場した。これは、一八八〇年代初頭にノルウェー北部で捕獲された雌のシロナガスクジラの骨格標本をもとに再現されたレプリカのうちの一体で、捕鯨の町の新しい観光の目玉として注目されている。

続々と出現しているショッピングモール

全国的に大型ショッピングモールの出店が続き、話題となっているが、千葉県にも、「ららぽーとTOKYO‐BAY」（船橋市：一九八一年開業）、「三井アウトレットパーク幕張《まくはり》」（千葉市：二〇〇〇年開業）、「イクスピリア」（浦安市：二〇〇〇年開業）、「ららぽーと柏の葉」（柏市：二〇〇六年開業）、「イオンモール千葉ニュータウン」（印西《いんざい》市：二〇〇六年開業）、「スーク海浜幕張」（千葉市：二〇〇八年開業）など次々とショッピングモールが出現、その後もリニューアルを繰り返して多くの客を集めている。

その傾向は今も続いており、平成二十四年四月には、木更津《きさらづ》市の「三井アウトレットパーク木更津」と、船橋市の「イオンモール船橋」がオープン。さらに、平成二十五年四月には印旛《いんば》郡酒々井《しすい》町に「酒々井プレミアム・アウトレット」がオープンするなど、激しい競争が続いている。

（河野浩一）

第２章　歴史編

日本三井「月影の井戸」はどこにある

旧永治村《えいじ》（現印西市《いんざい》）浦部は、手賀沼《てがぬま》の南を東西に延びる下総《しもうさ》台地の東に位置する。近世、新田化される手賀沼北の沼口に続く低湿地帯であり、沼畔には、すでに十世紀半ばに編纂《へんさん》された『和名類聚抄《わみょうるいじゅしょう》』中の三宅郷と比定される集落がある。

浦部には、「日本三井《さんせい》」の一つといわれる井戸がある。「伝に曰《いわ》く、大菅豊後守《おおすがぶんごのかみ》の水行場と、又月かげの井と称して、鎌倉星の井、奥州二本松の日の井と共に、日本三井の一なりと云。毎年二月二二日、妙見神社祭典の翌日、氏子一同にて井渫《さら》いを例とせり」（『千葉県印旛《いんば》郡誌』）

小口径の縦型の井戸の遺構としては、弥生《やよい》時代の登呂《とろ》遺跡（静岡県）から杉の割板を土止めにした円形井戸と矩形《くけい》井戸が発見されている。

日本三井「月影の井戸」　住所／印西市浦部126-1-2　交通／ＪＲ木下駅からバス永治小学校前下車、徒歩5分

月影の井戸

報告書『登呂』では、「集落において、最重要施設は井戸である」と述べる。手賀沼畔においても、かつては境内四〇〇〇坪を擁した長楽《ちょうらく》寺《じ》が印西市大森にあり、応安《おうあん》二年（一三六九）銘の寺鐘の存在からも古い集落の存在と文化の成熟さがうかがわれる。

月影の井戸は、『千葉県印旛郡誌』にあるように、印西市浦部の中央部、中世の城郭竜崖《りゅうがい》城（城主は大菅豊後守正氏）の東九〇メートルにある。現在は住宅に囲まれ、傍らには標識が立つ。

長楽寺　住所／印西市大森2034-１　交通／JR木下駅からバス大森坂上下車、徒歩10分

以前、氏子一同が井戸渫《さら》いをしたとき、井戸から四面に曼荼羅《まんだら》の四門を示す梵《ぼん》字《じ》を彫った一〇センチメートルほどの石が発見されており、鎌倉期の仏塔の一部分ではないかといわれている。

一方、福島県二本松の日影の井戸の縁起は、応永《おうえい》（一三九四〜一四二八）のころ、畠山満泰《はたけやまみつやす》の築城時に遡るといわれ、深さ約一四メートルの井戸の底は横に約一三メートル穿《うが》たれ、湧水は途絶えることがなかったと伝える。

残る鎌倉星影の井戸は、鎌倉十井の一つに数えられ、極楽寺へ上がる切り通し坂の下にある。かつては鬱蒼《うっそう》とした場所であり、星月谷《ほしづくがやつ》という地名から転じ、星月夜の井となったものかという。

（森田　保）

抜歯されていた 安房神社洞窟出土頭骨の謎

昭和四年（一九二九）、館山市の安房《あわ》神社境内で井戸掘工事をしたところ、地表面から一メートル下に洞穴が現れた。まったく偶然の海蝕洞窟《かいしょくどうくつ》の発見だった。規模は全長約一一メートル、高さ二メートル、幅一・五メートル。洞穴内には土が堆積していた。

安房神社は房総《ぼうそう》のパイオニア、天富命《あまのとみのみこと》の祖神である天太玉命《あまのふとだまのみこと》をお祀《まつ》りしたお社《やしろ》である。

天太玉命を始祖とする斎部《いんべ》氏の系図には天日鷲命《あめのひわしのみこと》の子が天富命《あまのとみのみこと》とされ、徳島市の忌部《いんべ》神社は天日鷲命を祭神とし、阿波《あわ》忌部がルーツであることは『古語拾遺《こごしゅうい》』にも記されている。

祭神に関わる重要な遺跡ではないかと推察した安房神社では、祭祀《さいし》遺跡調査の

安房神社　住所／館山市大神宮589　交通／JR館山駅からバス安房神社前下車、すぐ

頭骨が出土した安房神社の洞穴

第一人者だった故・大場《おおば》磐雄《いわお》博士に調査を依頼した。

すると、堆積土からは二二体分の人骨、貝製腕輪一九三、石製丸玉三個が出土した。このうち一五体の口内には、何らかの目的をもって歯を抜いた形跡が認められた。

日本における抜歯習俗は縄文中期から弥生《やよい》時代におよび、これに気づいたのは解剖学者・小金井《こがねい》良精《よしきよ》博士（星新一の祖父）による。その後、山内清男《やまのうちすがお》博士の研究により変遷がわかった。上顎《じょうがく》第二門歯の片側を抜いたのが縄文中期。後期には両側を抜くようになり、晩期には犬歯を抜く例など各種のパターンが現れる。

このような抜歯のケースの発見地は、北は秋田県能代《のしろ》市から南は徳之島まであり、個体数は二〇〇体以上にのぼる。弥生時代の例は本遺跡が東限で、沖永良部《おきのえらぶ》を南限として一二遺跡一〇〇体以上の報告がある。抜歯習俗は、おそらく何かしらの通過儀礼だろう。

ところで、一九九七年に香港の東湾仔《トンワンチャイ》北《バッ》遺跡で二〇基の墓が発掘され、同年の中国十大考古新発見の一つに選ばれた。この選考に当たった学者によると、約四〇〇〇年前、この区域は海水が引いた砂地で多くの人が居住していたという。さらに、遺跡から発見された一五体の人骨を調べたところ、背が低く、口が大きいという特徴がわかり、抜歯の習慣を持っていたことなどもわかった。台湾山岳民族も近年まで抜歯習慣があったという。日本の抜歯文化は、海の向こうから伝わってきたものなのかもしれない。


(森田　保)

『更級日記』のまつさとの津は松戸あたりか

平将門《まさかど》の天慶《てんぎょう》の乱《らん》から八〇年ほどたった治安《じあん》元年（一〇二一）。上総介《かずさのすけ》として現在の市原へ下ってきた菅原孝標《すがわらたかすえ》の娘が、父の任期が切れて京都へ戻る途中、「まつさとのわたりの津」へ来て、ここで一泊する。

『更級《さらしな》日記』には、その時の様子が記録されている。

「まつさと」（馬津郷）は現在の松戸で、「わたりの津」は渡し場のことである。「下総《しもうさ》と武蔵《むさし》との境にてある太井川《ふといがわ》」とあるのは、作者の聞き違いか記憶違いであろう。太井川は今の江戸川であるが、平安時代は川の右岸左岸とも下総の国だったはずであるから。

「まつさとのわたりの津」、つまり松戸の渡し場はどこだったのか。現在の葛飾《かつしか》橋あたりか。あるいは、今の矢切《やぎり》の渡しあたりか。

矢切の渡し付近

疑問に思うのは上総の国府・市原から下総の国府・市川を通る古代官道をなぜ通らなかったかということ。この道を通れば、文学少女らしき孝標の娘は『万葉集』に出てくる手古奈《こてな》伝説の真間《まま》も見られたはずだが、この市川を避けたのは何か理由がなければならない。

当時はいわゆる平安海進で（それをうかがわせる文が『更級日記』にもあるが）、低地はかなり水没していた。水没していなくても湿地帯で難儀したので市川を避け、遠回りでも松戸を通ったことになろう。それなら、松戸のどこか。矢切の渡しは江戸時代（寛永《かんえい》年間〈一六二四～四四〉）にできた渡しだから、江戸時代にできた水戸街道のもとになった道（古奥州街道）、その渡しと考えるのが最も妥当な線のようだ。

（青木更吉）

家康が訪れた御茶屋御殿とは？

「泊狩《とまりかり》」といわれた徳川将軍家の鷹狩《たかが》りのため、各地に御殿や御茶屋が六〇カ所ほど造られた。東金《とうがね》への御成《おなり》街道沿いには、東金御殿（八鶴湖畔《はっかくこはん》）、船橋御殿、御茶屋御殿、土気《とけ》茶亭があった。

平成四年（一九九二）、千葉市教育委員会では、七月下旬から若葉区御殿町にある「千葉御茶屋御殿」跡の発掘調査を行った。

すでに昭和四十八年（一九七三）から四十九年に行われた調査によって南北一二三メートル、東西一二〇メートルの敷地と、周囲九〇メートル四方に基底の幅六・五メートル、高さ二・二メートルの土塁、上面幅五・四メートル、深さ二・九メートルに穿《うが》った薬研堀《やげんぼり》が確認されていた。

平成四年の調査では、徳川家康、秀忠、家光の三代が使ったと思われる本殿、

船橋御殿跡（船橋東照宮）　住所／船橋市本町4-29-12　交通／京成船橋駅から徒歩約4分

御茶屋御殿跡

広間、休息所など八棟の遺構が、その基壇もろとも発掘された。また、掘っ立ての番所らしい建物二棟、二重の塀などの構造物、いずれも瓦の出土がなかったことから板葺《いたぶ》きでなかったかと考えられている。

元禄《げんろく》十一年（一六九八）五月の『下総国《しもうさのくに》千葉郡沖田村指出帳』によると、御殿町の御茶屋御殿は「御殿惣構《そうがまえ》、六〇間四方……」とあるから、約一万一八〇〇平方メートルとなる。建物の配置が確認できたのはこれが最初であり、徳川将軍家初期ということもあって質素だった。水戸街道

御茶屋御殿跡　住所／千葉市若葉区御殿町2549　交通／千葉都市モノレール千城台駅から徒歩約40分

筋には小菅《こすげ》御殿があったが、広さ一〇万坪の城砦《じょうさい》的規模だった。これは関ヶ原の戦いを目前とした時期、豊臣方だった常陸《ひたち》の佐竹と会津の上杉への備えというもくろみがあったからだろう。

御茶屋御殿は慶長《けいちょう》十九年（一六一四）、御成街道造成にともない幕臣土井利勝《としかつ》が建築を担当したが、竣工《しゅんこう》は翌年十一月ともいう。

家康は慶長十九年と翌元和《げんな》元年（一六一五）の二回、東金に来ている。

元和元年十一月十六日、船橋御殿を出発した家康は、金親《かねおや》村の神尾守世《かみおもりよ》の屋敷で昼食を取って御茶屋御殿に入った。神尾は金親村を知行した三〇〇〇石の旗本だったが、母は武田の旧臣、飯田直政の娘で神尾忠重に嫁し、夫と死別後、家康の側室となり阿茶局《あちゃのつぼね》となった縁がある。

（森田　保）

関東流、紀州流に次ぐ随庵流とは？

治水工法の関東流は、江戸初期、利根川東遷《とねがわとうせん》の工事を施工した伊奈忠次《いなただつぐ》父子ら三代を指し、紀州流は江戸中期、将軍吉宗の出身地和歌山から出た井沢弥惣兵衛《いざわやそべえ》為永《ためなが》の流れを指す。一方、随庵《ずいあん》流は関宿《せきやど》藩士の治水家、船橋随庵が両治水技術を学び、新たに打ち立てた独自の治水工法である。

随庵は寛政《かんせい》七年（一七九五）に生まれ、明治五年（一八七二）に七七歳で死去した。随庵は、関宿藩で物頭《ものがしら》から用人、そして中老となり、安政《あんせい》三年（一八五六）六一歳で隠居した。隠居中は学問研究に没頭し、『利根川治水考』『班田論』『助郷考《すけごうこう》』などの著作を残した。明治新政府は随庵を新政に参画させようとしたが、彼は老齢を理由に固辞し、『古今田制通考』などを献じて、新政府の厚意に応えた。

江戸初期以来、関宿藩は大きな洪水に何度も見舞われた。随庵は独自の利根川治水策をしばしば出したが、幕府は彼の意見に耳を貸さなかった。随庵の治水策は、「川は本来の姿に還《かえ》る」という主張である。東遷した利根川は洪水のときに流す川として残し、利根本流は、古利根跡の廐橋《うまやばし》より杉戸、粕壁《かすかべ》と流れる悪水路を広げて新川とし、江戸湾に流すべきとした。新川をつくれば、利根川の洪水は速やかに流れ、被害を最小限に抑えることができるという考えであった。

利根川の洪水記録を見ると、天明《てんめい》六年（一七八六）と弘化《こうか》三年（一八四六）の洪水は、それぞれ権現堂堤防（埼玉県幸手《さって》市）が決壊して、江戸市中に水害を及ぼした。随庵は被害を少なくするため、関東平野の中央が低い地勢（関東造盆地運動）に逆らわない治水を考えたのである。

（相原正義）

椿海干拓成功のわけは？

椿海《つばきのうみ》の干拓により誕生した干潟八万石という美田は、旭《あさひ》市と旧八日市場市（現匝瑳《そうさ》市）に及んだ。旧干潟町鏑木《かぶらき》（現旭市）の台地上に戦国期の古城があり、当時の城下には椿海と呼ばれる東西一キロメートル、南北八〇〇メートルの満々たる水を湛《たた》えた湖があった。城主はこのあたりの制海権を持ち、直接外洋から船が出入りしたらしい。

椿海が古地図から消えたのは寛文《かんぶん》期（一六六一～七三）以降である。幕府の新田開発の意向を知った江戸の町人・白井治郎右衛門《じろうえもん》が椿海の干拓を出願、さらに松平越中守定信《えっちゅうのかみさだのぶ》の家臣だった辻内刑部左衛門《ぎょうぶざえもん》は藩主を通じて幕閣にはたらきかけ、幕府は両者に許可を与えた。

椿海は、海跡湖に分類される湖だった。この排水工事は、寛文十年（一六七〇）六月以降とされ、治郎右衛門と刑部左衛門の両者が三川村《さんがわ》の海岸線から片側ずつ分担したものの、治郎右衛門は資金面で行き詰まり、すぐに手を引いた。かたや刑部左衛門は十月ごろから井戸野村、仁玉《にったま》村筋から掘削を再開している。

また、当時の文書には残されていないが、工事完成の立役者としていわれているのが鉄牛道機《てつぎゅうどうき》である。鉄牛は中国僧隠元《いんげん》の弟子木庵《もくあん》から印可を受け、小田原藩主だった稲葉正則《まさのり》の招きにより紹太寺《しょうたいじ》（小田原市）に入った。

稲葉正則は明暦《めいれき》三年（一六五七）から二四年間老中の地位にあったが、正則の祖母は、かの春日局《かすがのつぼね》。正則は三歳で母を失い、一一歳で父正勝《まさかつ》と死別すると、春日局の養育を受けた。春日局は二代将軍秀忠の跡継ぎ問題で家康に直訴、家光を世継ぎに決めさせた。家光はこの恩に寛永《かんえい》六年（一六一九）、公卿《くぎょう》らの反対を押し切って参内《さんだい》させて従三位《じゅさんみ》に叙せさせている。こうした背景のためか、刑部左衛門は鉄牛をとおして幕府から六〇〇〇両の融資を受けることができた。鉄牛は干潟新田周辺三寺の開山となり、晩年はそのうち最大の小南・福聚寺《ふくじゅじ》に穏棲、元禄《げんろく》十三年（一七〇〇）八月二十二日ここで没した。

（森田　保）

下総牧の改革はいつ?

寛政《かんせい》十年(一七九八)、江戸両国橋東詰めに住んでいた『成田の道の記』の著者は七月二十六日に江戸を発《た》ち、翌日には酒々井《しすい》宿を経て、中川村(現酒々井町)で小雨に遭い、「暑さをもしのぎがたさに石田むら休めば立たん腰の重たさなど戯れる。これより少しの下りおりて、また坂を上り、松並木山の中を行く、すべてこの間一里余という」(『成田の道の記』)と記している。文中の石田村は、公津《こうづ》村の「飯田」(現成田市)の誤聞らしい。

江戸時代の並木は、道中奉行が所管し、並木の補植、管理に努めていた。五街道では枯れ木の伐採も奉行所の伺いが必要だったという。

印旛《いんば》郡酒々井町伊篠《いじの》の並木が「成田道伊篠の松並木」として千葉県の文化財(史跡)になったのが昭和四十三年(一九六八)四月。しかし、わずか一六年後の昭和五十九年七月、枯死を理由に指定解除となっている。指定当時目通り二・四〜四・二メートル、樹高二〇〜二五メートル。年輪の実測では三〇〇年から三五〇年を数えた。

『印旛郡誌』には慶長《けいちょう》十五年（一六一〇）、佐倉に入封した土井利勝《としかつ》の臣、杢之《もくの》進《しん》の植樹とあり、一説では享保《きょうほう》七年（一七二二）佐倉、小金牧の経営に乗り出した徳川家直参、小宮山《こみやま》杢之進のことだろうという。

時は八代将軍吉宗の世。将軍は家柄を尊重する保守的立場を宣言したものの、現実には専門の知識、経験を持った人物を登用した。

享保六年、代官となった小宮山杢之進は、名を昌世《まさよ》といい、三〇〇俵取りの旗本にすぎなかった。杢之進は美濃《みの》郡代から勘定吟味役に抜擢《ばってき》された辻守参《もりみつ》と共に「地方の聖」と称され、『田園類説』などの著作もある。

杢之進は下総牧《しもうさまき》全般の許認可、諸令を下していた野馬《のま》奉行綿貫《わたぬき》氏の権限を馬飼育の実務に限定し、金ヶ作《かねがさく》役所（松戸市）に野馬行政を集中。江戸の役宅には二三人の手代同心が勤め、その四人が牧、新田の業務を担当。一年交替で金ヶ作役所に出張した。また広大な牧のうち、中野牧を直轄し、さらに一〇万石の増収を目標に新田を開くため、庄内牧を廃止するなど改革を行った。並木の役目は、旅人の利便のほか、野馬保護、森林植栽の一端でもあった。
県下唯一の並木の消滅原因はマツノザイセンチュウ病によるが、遠因は明治以来の管理不備なのだろう。

（森田　保）

印旛沼開発の不思議な幕引き

江戸時代、印旛沼《いんばぬま》開発工事は享保《きょうほう》九年（一七二四）、天明《てんめい》三年（一七八三）、天保《てんぽう》十四年（一八四三）の三回着工された。

いずれも完成にいたらなかったが、その目的は利根川の逆流による印旛沼周辺の溢水《いっすい》排除、水路・新田開発にあった。

特に三回目の天保工事は、完成目前ながら幕府老中・水野忠邦《ただくに》の失脚によって放棄された。この工事が従来と異なったのは、幕府の設計管理による沼津藩、庄内藩、鳥取藩、貝淵《かいぶち》藩、秋月藩の工区別請負にあった。

なかでも難工事が予想されたのが、花島観音堂下の泥炭層であった。化け物丁場、化土《けと》といわれた第三工区を受け持たされたのは鳥取藩で、藩の政情が幕府に付け込まれたらしい。

現在の印旛沼

上流の第二工区、弁天池から柏井は庄内藩が担当した。

この区間の工費は一間あたりの経費、総額においても最高額の負担を強いられた。当時のうわさでは、水野の天保の改革推進のため幕府の財政増加を狙った、三方領地替えの挫折の報復説が広まっていた。

それは、川越の松平（将軍家斉《いえなり》の第四九子）を庄内に移し、庄内藩一四万石を越後《えちご》長岡七万石に、越後長岡牧野氏を川越へというものだった。

驚いた庄内藩の領民は反対運動を展開するため、徒党を組んで江戸へ上り、御三家に陳情し領地替えを断念させた。藩も水野へ贈賄工作しており、これが町奉行に摘発され水野の恨みをかっていたらしい。

庄内藩は藩内遊佐《ゆざ》から二五〇人、荒瀬（酒田市）から二一五人など、一四六一人を派遣した。工事を記録した『続保定記《ぞくほていき》』の著者・久松宗作は、鳥取藩が受け持つ花島化土の掘削が完了しなければ「水の送り所之れ無く、御普請の成就覚束《おぼつか》なく……」と故郷に書き送った。また、この工事現場で庄内藩は一九人の農民を失っている。

（森田　保）

「関宿落とし」とはどんなものだったのか？

関宿《せきやど》は利根川《とねがわ》と江戸川に挟まれた土地で、低湿地が多い。関宿を含む下総《しもうさ》台地は関東造盆地運動により千葉県内では関宿付近が特に低く、海抜一〇メートル以下の台地もあり、利根川の洪水は台地上にもおよんだ。洪水は水田を水没させ、川沿いの水田は江戸時代以来、三年に一回は収穫が皆無となるありさまだった。

嘉永《かえい》元年（一八四八）、幕府の老中であった関宿藩主久世広周《くぜひろちか》が、幕府に申請して用排水工事をすることになった。藩は家臣の土木技師船橋随庵《ずいあん》に命じて、治水と新田設計と工事に当たらせることにした。翌嘉永二年、用排水路は、町の最北端にある関宿城下を基点に桐ケ作《きりがさく》、木間ケ瀬《きまがせ》、南蒁打新田《みなみむしろうち》で利根川に注ぐ二〇キロ余を開削した。窪地《くぼち》にたまっていた悪水は、用排水路で完全に排水された。これを「関宿落とし」という。

県立関宿城博物館　住所／野田市関宿三軒家143－4　交通／東武川間駅からバス関宿城博物館下車、徒歩1分

また、随庵は利根川に高さ一メートル弱の堰《せき》を造り灌漑《かんがい》用水を引いた。この水路は関宿用水といわれている。

関宿城（模擬天守）と利根川

関宿城の東側にある利根川沿いの水田は沃田《よくでん》となり、数十町歩の耕地が開発された。二つの用排水路は現在、東葛《とうかつ》北部土地改良区の所管である。上流部の大部分は埋められたが、下流の木間ヶ瀬から莚打の四・五キロは使われている。

「関宿落とし」は、利根川沿いに北から南に流れていた。地形上は北が低く、南が高いので、用水工事上難しい所であった。桐ヶ作にある土地改良区によると、関宿落としは二〇キロの用排水路の数カ所に堰を設け、地形の不利を補った。また、丘陵部にはトンネルを掘り、その中を丈夫な資材で支え落盤を防いだ。トンネルは約六〇メートルに及ぶ。

（相原正義）

ナポレオン三世から贈られた馬の行方は？

水戸道中の小金（現松戸市）には、水戸殿御殿という水戸家専用の本陣があった。

幕末、小金にとって最大の受難といえるのは、大鳥圭介《おおとりけいすけ》が率いた二〇〇〇名にのぼる旧幕府陸軍脱走軍の通過である。

慶応《けいおう》四年（一八六八）閏《うるう》四月十一日（五月三日）、江戸城を征東軍へ明け渡した後、大手前大隊のほか小川町大隊、七連隊の主力は市川国府台《こうのだい》に集結し、十三日には松戸宿に入り、小金を経て十五日夜一〇時頃には布施《ふせ》（柏）着、翌日岩井方面に出発した。この間、「徳川三百年の恩顧」を口実に糧食、宿料を踏み倒し、小金の野馬《のま》奉行綿貫《わたぬき》夏右衛門からは野馬払い下げ代金六三一両のほか、鉄砲などの武器を徴発している。

乱暴争乱の最中、ナポレオン三世（一世の甥《おい》）から徳川慶喜《よしのぶ》へ贈呈された名馬たちが行方不明になった。アラビア馬は松飛台《まつひだい》の御囲い場に大切に管理されていたが、乗馬用に引き出され否応《いやおう》もなく連れ去られた。

駿馬《しゅんめ》は、ナポレオン三世から品種改良用に牡《おす》一一頭、牝《めす》一五頭が幕府に贈られたものだった。前述の綿貫夏右衛門は、二ッ木村の湯浅兵五郎、富塚村の川上治郎右衛門ら三〇人の別当（厩務員《きゅうむいん》）団を組み、前年の五月十九日に横浜の太田陣屋で馬を受け取り、半年かけてナポレオン皇帝の近衛《このえ》砲兵でもあったカズヌーブから飼育法の研修を受けていた。函館戦争に榎本《えのもと》軍に参加するなど、かの馬以上の数奇な運命をたどるカズヌーブは、明治二年（一八六九）に重傷を受けて函館を脱出し、四年後新政府の陸軍調《ちょう》馬《ば》厩《きゅう》に御雇いの馬術教師となった。さっそく、アラビア馬に関し、九頭の残存馬を基に馬種改良を建言している。

当時、まだ数頭は探索の可能性はあったらしいが、この血統馬を熟知していたカズヌーブが軍事務局依頼による牧馬畜産取調中に福島で病死し、すべて消息不明になってしまった。

（森田　保）

尊攘派竹内廉之介と渋谷総司の死

水戸道の宿場・小金宿内には水戸家専用の本陣があり、水戸御殿ともいわれ、日暮玄蕃《ひぐらしげんば》が世襲で管理した。

この地方は旦那《だんな》剣術が盛んで、松戸宿は小野派一刀流、周辺農村は北辰《ほくしん》一刀流が勢力を占めていた。

水戸御殿に出入りの柏屋《かしわ》の竹内貞吉は〝伴鶯《ばんおう》〟の号を持ち、典籍に通じ、松ケ崎出身の儒者、芳野金陵《よしのきんりょう》とも交流があった。この影響からか、貞吉長男・廉之介《れんのすけ》、弟・哲次郎は江戸で金陵の子・新一郎（桜陰《おういん》）、渋沢栄一らを知る。

竹内兄弟は元治《げんじ》元年（一八六四）、天狗党《てんぐとう》の倒幕挙兵に参加したが、哲次郎は別行動中に、霞ヶ浦《かすみがうら》で自刃。廉之介は捕らえられ、土浦で在獄一年後、自宅謹慎となった。

慶応《けいおう》三年（一八六七）二月、江戸出身の相楽総三《さがらそうぞう》（鞍馬《くらま》天狗のモデルに擬されている）は在京中の西郷隆盛の密命を受けて、三田の薩摩《さつま》藩邸を拠点にゲリラ活動開始を呼びかけた。簾之介は、金原忠蔵と変名して薩摩屋敷に入るが、その年の十二月には幕府方に攻撃され、相楽総三と共に京都に脱出した。

一方、渋谷総司《そうじ》は弘化《こうか》三年（一八四六）二月、佐津間《さつま》村（現鎌ケ谷市佐津間）の名主を代々務めた渋谷家の次男として生まれ、通称を謹三郎《きんざぶろう》といった。

慶応四年の一月、薩摩藩の指導のもとに先鋒《せんぽう》として「赤報隊《せきほうたい》」が編成され、相楽総裁のもと金原忠蔵は大監察に次ぐ監察に就任し、総司は途中で合流、中山道を進み相楽隊の「使番」となった。

彼らの進軍は中山道経由で、赤報隊は幕府直轄地に年貢半減令を布告するが、これは相楽が新政府に建白書を提出し認可されたものであった。ところが政府の財政状況から実現不可能であったので、赤報隊に布告の責任を取らせ、偽官軍として、三月三日、諏訪《すわ》で処刑する。

簾之介は、二月十七日に追分《おいわけ》宿大黒屋に宿泊中、小諸《こもろ》藩の夜襲に遭い、捕縛されたのだった。介錯《かいしゃく》はかつての同胞であった赤報隊書記・使番の大木四郎。渋谷総司も三月三日処刑された。二二歳だった。

現在、長野県下諏訪町に「魁塚《さきがけづか》」があり、碓氷峠熊野神社に「金原忠蔵の碑」、松戸の東漸寺《とうぜんじ》に竹内兄弟の墓碑がある。昭和三年（一九二七）、総司に昭和天皇御大典記念として従五位が追贈。翌年、村民らは佐津間の宝泉院に石碑を建立した。

（森田　保）

宝泉院に建つ石碑

宝泉院　住所／鎌ケ谷市南佐津間9-37　交通／東武線六実駅から徒歩約5分

幕府のために戦った請西藩主の末路は？

林昌之助《しょうのすけ》は実名を忠崇《ただたか》といい、上総《かずさ》・請西藩《じょうざい》一万石の当主だったが、その当主自らが藩を捨てるという出来事が起こった。

昌之助が藩を捨てる決意をしたのは、明治元年（一八六八）四月十一日の江戸開城に続く、脱走した幕府正規軍、撒兵隊《さっぺいたい》のやり方を見たためであった。

旗本青年を中心とした幕府講武所、遊撃隊が伊庭《いば》八郎、人見勝太郎に率いられて木更津《きさらづ》に到着する。木更津に上陸した千余名は『義軍府』という名のもとに、上総の農民から金、人馬、糧食を徴発した。昌之助は、自藩の存続にこだわって日和見《ひよりみ》のまま、万一、上総を戦場とするならば、庶民の苦しみはいかばかりであろう、と案じていた。

閏四月三日、三六人の遊撃隊と請西藩兵約七〇名は同盟した。遊撃隊に倍する藩兵には、若き藩主の意気に感じた老人、若者が多かったという。

後年、昌之助が史家に語るところによると「伊庭、人見は人物だった。あれらは私の地位を利用したのだ」という。

一週間後「奥州航海の義一決するにより、ことごとく暇《いとま》をとらす」と自らの手で藩を解散し、出発にあたっては上屋敷を焼き払った。蜂起《ほうき》の前の段階で、すでにゲリラ戦を覚悟している。

朝敵となった林昌之助

それに対して、関東の諸藩は内々に物心ともに支援するところもあったが、行動で昌之助を支えたのは、大奥の老女、万里小路《までのこうじ》ただ一人だった。彼女は江戸城西の丸で最高の格式を誇ったが、昌之助の義挙を聞いて自ら木更津に渡り、軍用金を用立て、そのまま請西の長楽寺に仮偶、この地で生涯を終えている。

土地の人は〝まで様〟と呼んだが、万里小路の訛語《かご》であろう。木更津の河岸に着いたときは親船二隻の荷物で、長楽寺への搬入に数日を要したほどだが、売り食いの生活ですべて費消、晩年は侍女が面倒をみている。

さて、昌之助の転戦は、房総《ぼうそう》を南下して館山から二隻の船で出帆、真鶴《まなづる》に上陸して箱根関所を占拠。官軍下の小田原藩兵と一戦を交えて五月末に館山に舞い戻る。そして入港中の旧幕府軍艦咸臨丸《かんりんまる》に搭乗し、再編した請西軍は榎本武揚《えのもとたけあき》の艦隊と合流して奥州へ向かう。小名浜《おなはま》に上陸した請西軍は磐城《いわき》の小藩を援助しながらの消耗戦で、相馬から会津へ。ついに仙台では頼みの奥州同盟が降伏した。

昌之助は明治元年十月十四日、死一等を免ぜられ、江戸へ護送される。挙兵から二百十日の戦いの日々であった。

（森田　保）

銚子黒生で難破した美加保丸の千両箱は？

慶応《けいおう》四年（一八六八）のことである。旧幕府軍の艦隊は「開陽」、「回天」、「蟠《ばん》竜《りゅう》」、「千代田形」の四隻《せき》の軍艦と「咸臨《かんりん》」、「長鯨《ちょうげい》」、「神速《しんそく》」、「美加保《みかほ》」の輸送船四隻を連ねて、八月十九日に品川沖を出た。

ところが江戸湾を出ると嵐に遭い、回天丸に曳航《えいこう》されていた咸臨丸は駿河《するが》の清水港へ漂着した。開陽丸に曳航されていた八〇〇トンの帆船・美加保丸も開陽丸から離れて銚子《ちょうし》の黒生《くろはえ》海岸で座礁し、二十六日に沈没した。

この船には金銀貨・兵器弾薬を積み込み、六一四名の旧幕府軍を乗せていた。高名な剣客・伊庭《いば》八郎もこの船に乗っていたが、どうにか助かっている。しかし、この時一三人の犠牲者が出た。海岸には「美加保丸殉難者慰霊碑」が建っている。明治五年（一八七二）に建てられたもので、九人までは名前が刻まれているが、

美加保丸遭難の碑　住所／銚子市黒生町地先　交通／JR銚子駅からバスとんび岩下車、徒歩1分

美加保丸殉難者慰霊碑

あとは氏名不詳とあるのが悲しみを誘う。

さて、美加保丸には旧幕府軍の莫大《ばくだい》な軍資金も積んでいたといわれる。明治六年、東京の鉄材商が政府から引き揚げの権利を得ると、それを回船商が買い取って引き揚げたが失敗し、その二代目が昭和四十六年(一九七一)にサルベージ業者と船体の一部を引き揚げたが、金貨一枚発見することはできなかった。

これは『東京日日新聞』(明治十九年三月六日)に「金銀貨百八十五万両と八十六貫目の金塊」と書かれたから、海底の宝船として話題になってきたようだが、いまだに「旧幕府軍の千両箱は、海底に眠っている」と言う人はいる。


(青木更吉)

習志野捕虜収容所でオーケストラが演奏した楽曲とは？

昭和三十九年（一九六四）の東京オリンピックに合同チームで参加した東西ドイツは、国歌として「歓喜の歌（第九の第四楽章）」を金メダリストの表彰用に使った。この曲がオリンピックの表彰式で流れると、第一次世界大戦で捕虜になったドイツ人の収容施設（現習志野《ならしの》市東習志野地区）で洗濯の手伝いをしていた女性が、「昔聞いた音楽が流れた」と語ったという。この話は習志野市教委のH氏が側聞している。

しかし、習志野でのベートーヴェンの「第九」については演奏プログラムが未確認であり、公認の演奏は大正七年（一九一八）六月一日、徳島県鳴門《なると》市の坂東《ばんどう》捕虜収容所とされる。

第一次世界大戦では、日本は日英同盟の関係から連合国軍に属した。ドイツ租

ドイツ捕虜オーケストラの碑　住所／習志野市東習志野4-4（東習志野四丁目児童遊園内）　交通／京成実籾駅から徒歩約10分

ドイツ捕虜オーケストラの碑
第一次世界大戦（1914-1918）の際、日本は連合国側に立って参戦し、中国・青島のドイツ租借地を占領しました。捕虜となった約5000名のドイツ兵は、板東（徳島県鳴門市）、久留米（福岡県久留米市）など、各地の捕虜収容所に収容されました。
習志野収容所は、大正4年（1915）9月にここ東習志野に開設され、最も多いときには1000名ほどのドイツ兵、オーストリア兵が生活していました。武士の情けを知る収容所長・西郷寅太郎大佐（隆盛の嗣子）の下でオーケストラ活動が許され、彼らはベートーヴェンのヴァイオリン協奏曲やモーツァルト「魔笛」、グリーク「ペール・ギュント」、ヨハン・シュトラウス「美しく青きドナウ」などを演奏しました。その望郷の調べは敵味方の恩讐を越えて、当時の習志野の人々の耳に珍しく響いたのです。
急逝した西郷所長の後を継いだ山崎友造所長も温情ある管理を忘れず、彼らは、大正8年（1919）のクリスマスの朝、習志野を後にして懐かしい故郷へと向かいました。
平成20年11月
習志野市教育委員会
ドイツ捕虜オーケストラの碑

借地だった山東省青島《チンタオ》が戦場となり、大正三年十一月に要塞《ようさい》が陥落。ワルデック総督以下約五〇〇〇人が日本側の捕虜となった。

習志野収容所は、翌年九月七日、浅草収容所の移転によって開設され、大正五年十月十九日には福岡にあった収容所の一部、同七年八月五日に静岡の一部、同三月十一日に福岡の将校収容所、同八月八日には大分収容所が合流して設置された。

敷地九万五〇〇〇平方メートルと八〇〇〇平方メートルに八棟の兵用、二棟の将校用バラックがあり、ハンドボール場、体操場、サッカー場、テニスコート、円形小音楽室、作業場などが併設され、合唱団、劇団による公演のほか、オーケストラによるベートーヴェン、モーツァルト、グリーク、ヨハン・シュトラウスの「青きドナウ」などが演奏されていた。

また、捕虜のカール・ヤーンら五人のソーセージ職人は、千葉市にできた農商務省畜産試験場の飯田技師の懇請を受け腸詰めの秘伝を公開。この講習会によりソーセージづくりが日本の食肉業者に伝わったという。

大正八年十二月二十五日に解放され、ワルデック総督も翌年一月二十六日、帰国の途に就いている。

市教委は平成二十年（二〇〇八）十一月十一日、オーケストラ演奏時の写真付きの碑を建立して往時をしのんだ。

（森田　保）

戦場に橋を架けた鉄道連隊

かつて軍都といわれた千葉市内に鉄道建設を専門にした軍隊の記念碑が二カ所ある。昭和五十年（一九七五）十一月に中央区弁天三丁目の千葉県護国神社の忠霊塔脇に建てられた「鉄道連隊創立八十周年記念碑」と、千葉市中央区椿森《つばきもり》二丁目の椿森集会所脇の築山に建てられた「鉄道隊駐屯の跡」という鉄道大隊の記念碑である。

千葉公園の綿打池《わたうちいけ》付近から競輪場にかけての一帯は、鉄道第一連隊の演習・作業所で、軍用軽便鉄道はスポーツセンター隣接の穴川橋の下を通り、宮野木橋、犢橋《こてはし》下から習志野《ならしの》を経て津田沼に至っていた。

日本の鉄道部隊は、日清戦争後の明治二十九年（一八九六）、東京牛込《うしごめ》の陸軍士官学校内で設立された。ドイツのメッケルが大量物資輸送手段として鉄道を重

千葉県護国神社　住所／千葉市中央区弁天3-16-1　交通／JR千葉駅から徒歩10分、京成千葉駅から徒歩13分

視した戦略に影響を受けた結果であろう。

翌年、東京府中野に転営。明治三十三年には北清事変に出動。同三十五年に鉄道三個中隊となり、日露戦争では仁川《じんせん》上陸後に京義《きょうぎ》線を敷き、満州では安奉《あんぽう》線を敷設している。

明治四十一年には鉄道連隊に昇格。翌月二十三日に津田沼に転営し、翌年六月二日第二隊が千葉市椿森に移り、十一月には連隊本部も千葉駅近くに移転した。また明治四十年十月、県内では三里塚に五三キロメートルの線路を敷き、一部は県営鉄道に転用されている。

第一次世界大戦では山東半島に動員され、戦後の大

鉄道連隊が演習の際につくったトンネル（千葉公園内）

鉄道隊駐屯の跡　住所／千葉市中央区椿森2-10　交通／JR東千葉駅もしくは千葉都市モノレール千葉公園駅から徒歩5分

正七年（一九一八）十月には津田沼第二連隊を誕生させた。

この連隊は大正十二年に演習を兼ねて北総鉄道（現東武線の船橋—柏間）、同十五年には京成電鉄の路線建設に協力した。新京成電鉄の新津田沼—薬円台間や、習志野市の路線跡地のハミングロードは、当時の路線建設協力の名残である。

その後、第二次世界大戦では、インドシナ、タイ、シンガポールに移動、泰緬《たいめん》鉄道建設も習志野の第二連隊が主力で、千葉第一連隊も関係し、一〇年もかかるといわれた工期を八カ月で完成させたものの、国際法を無視した捕虜の動員が批判された。

この鉄道建設騒動を描いた映画『戦場にかける橋』は、フランス人記者のルポルタージュ『ランブリーにかける橋』が原作で、昭和三十二年（一九五七）に日本で公開された。日英両軍の技術協力を描いたヒューマニズムは、出演者である房州《ぼうしゅう》出身の早川雪洲《せっしゅう》の扱い方にも日本人に対する人種的偏見が見られない作品となっている。

（森田　保）

第３章　人物編

泣く子も黙る船方久馬とはどんな人？

山崎久馬《きゅうま》は、船方村《ふなかた》（現野田市船形）に住んでいたので船方久馬とも呼ばれた。先祖は船方の地頭職を務めていて、久馬も一八歳で名主役を祖父から引き継いでいる。のちに、東庄《とうのしょう》内一六カ村名主大総代となり、船方村名主をなんと五七年間も続けたという。そして、日光街道取締役、利根川川役も務めるようになったので、屋敷の門前には下馬札が立てられて、乗馬、乗り物、かぶりものをした者は通れなかったと伝えられている。

この人が、「泣く子も黙る船方久馬」と言われたのは、以上の役職ばかりのためではない。彼は一八〇〇石もの新田開発を成功させている。さらに、灌漑《かんがい》の重要性も考え、船方用水を完成させた。民生にも貢献し、村でもずぬけた実力者・政治家だった。

久馬が初めて名主になったのは宝暦《ほうれき》十年（一七六〇）のこと。新田の開発に努め、上久馬新田、下久馬新田の名も残っている。

当時、船方村は利根川の洪水に悩まされてきた。現在でも利根川べりに沼を一〇も数えるが、これは堤防が切れたときの置き土産。江戸時代にはもっと多く、しかも大きい沼だったようだ。そこで久馬は治水にも力を注ぎ、寛政《かんせい》年間（一七八九～一八〇一）には新田の川除普請、享和《きょうわ》年間（一八〇一～〇四）には堤防の増強、そして文化《ぶんか》年間（一八〇四～一八）の幕府の水行普請のときは普請見回り役として働いた。

小金牧に野馬が増え、田畑に乱入して作物を荒らすので、三六カ村の総代として野馬方代官岩本石見守《いわみのかみ》に面会し、越馬（村へ出てしまう馬）がないようにするよう願い出た。これにより、何度も越馬する野馬をほかの牧に移し替えし、野馬が田畑へ出ないようになったという。そのため、相馬八カ村、庄内領三六カ村の農民たちは久馬のことを救世主のように尊敬していたと伝えられている。

文化十四年（一八一七）七五歳で病没。船形の宝光院に葬られた。（青木更吉）

大晦日に千葉寺で行われた「千葉笑い」とは？

千葉寺《せんようじ》は、坂東《ばんどう》二九番の観音霊場として知られる名刹《めいさつ》。前の二八番は下総《しもうさ》町（現成田市）の竜正院《りゅうしょういん》、後の三〇番は木更津《きさらづ》市矢那にある高蔵寺《こうぞうじ》である。

水戸黄門《こうもん》（徳川光圀《みつくに》）の旅日記『甲寅紀行《こういんきこう》』では、「昔此の地に千葉の蓮花《れんげ》生まれ出で、中に観世音《かんぜおん》の小像あり、行基《ぎょうき》これを拝して、自ら丈六の仏を作り……」と記されている。

伝説も多く、その一つである「千葉笑い」が文献記録に見えるのは元文《げんぶん》期（一七三六〜四一）の『千葉伝考記』である。同書では、毎年大晦日《おおみそか》の夜、顔を隠して千葉寺に集まり、地頭や役人を嘲《あざけ》り笑うと記され、不敬なことと否定している。

しかし、時代が変わるにつれ、諸役人は「この笑いに逢《あ》わじと常に慎む」と評価が変わってきた。

千葉寺　住所／千葉市中央区千葉寺町161　交通／京成千葉寺駅から徒歩15分

千葉寺

ここでは岡本綺堂《きどう》の舞台『千葉笑い』の一部を要約して紹介する。作品は大正十五年（一九二六）六月二日、千葉開府八〇〇年記念行事として、市内猪鼻館《いのはなかん》で初演され、その二幕は常磐津《ときわづ》の語り「千早振る　神が教えし故事《ふるごと》を　後の世までも伝え来て　今も変わらぬ千葉寺《ちばでら》の　師走の賑わしき」で幕が上がる。

舞台には、平安末期から鎌倉前期の武将である千葉介《ちばのすけ》に扮する役者らが登場し、「あれあれ大勢が此方《こなた》をさして動揺《どうよう》めいております」「さあさあ今宵《こよい》は一年に一度という千葉笑

竜正院　住所／成田市滑川1196　交通／JR滑河駅から徒歩20分

いの当日じゃ。天下晴れて悪口を言うたがよいぞ」などのやり取りがある。

幕中、千葉介自身も仮面の家臣から悪態をつかれ、怒ったものの、付き人から「民の心を汲《く》む一つの手段」と諭される。芝居は「闇こそ浮世の習いなれ」と結び、常磐津が「悟り済まして千葉乃介己が館へ帰りけり」と語り、幕が下りる。

『千葉笑い』は江戸時代の古川柳にも「千葉寺の春は梢《こずえ》が皆笑い」とある。小林一茶《いっさ》の句にも「千葉寺や隅にこどもも無理笑い」とあるので、境内にそびえる大イチョウは、江戸時代にこだましていた千葉笑いを聞いたに違いない。（森田　保）

高蔵寺　住所／木更津市矢那1245　交通／JR木更津駅からバス高倉観音下下車、徒歩10分

『房総三州漫録』を記した深河潜蔵とは?

儒者深河潜蔵《ふかがわせんぞう》は元儁《げんしゅん》ともいい、今の袖ヶ浦《そでがうら》市の出身。天保《てんぽう》年間(一八三〇~四四)に『房総三州漫録《ぼうそうさんしゅうまんろく》』を書いたとされる。この書物には、後述するk子音脱落など注目すべき記載があり、道中に見聞したと思われる動植物も方言で記録していて、当時の動植物を知るうえでも貴重なものである。

『改訂房総叢書《そうしょ》』(一九七二・複製版)に収録されている『房総三州漫録』から抽出して筆者の解釈を記載する。

「上総《かずさ》。西上総と東上総にて異同あれど、大方カキクケコはアイウエオにて、ヒフは行き違ひたり」とあり、カキクケコをアイウエオといっている。これはk子音脱落現象でカ(ka)がア(a)、キ(ki)がイ(i)などになることである。現在も君津・安房《あわ》地方に広くk子音脱落がみられる。さらに、「市原郡の姉崎にてはカキクケコをハヒフヘホによぶ」とも書かれており、これはk子音からh子音に転訛《てんか》していることを示している。

「バカをバハと言ひ、舟の名をオショウフリと云《い》ふ」

バカをバハと言うのはカ→ハと変化している。舟についていうと、江戸時代に快速船が内湾を往来しており、本来の名をオショクリブネといったが略してオショクリと呼んだ。これがオショフリとなり、k子音がh子音に変わっている例を示している〈ku→hu〉。

「望陀《もうだ》郡葛間《くずま》新田の傍《かたわら》にタカスと云ふ地あり。村の小名なり」

葛間は現木更津《きさらづ》市久津間《くづま》、タカスは高須と表記する。

「其処《そこ》にてはアイウエオをカキクケコと呼ぶ」

k子音脱落ではなく、ここでは逆にk子音を加えていることを示している。

「羽織をハコリ、下駄の鼻緒をハナコという類なり」

ハオリ→ハコリ　ハナオ→ハナコ（o→ko）

「葛間辺は重音多し」

葛間辺では同じような言葉を重ねていうことが多い。

「遠き道をエングリエンダウと云ふは、此所《この》には限らず」

遠い道をエングリエンドウと言うのは、この地に限ったことではない。

以上のことから、深河潜蔵、つまり元儁がk子音脱落とk・hの関係や重音に触れていることがわかる。一方、動植物の方には、

「海神　此の辺水堀にカニアラミ・田字草、水龍《ヌマメグリ》」

このカニアラミは水草なのかは不明。田字草はデンジソウで、今では稀《まれ》にしか見られない田の雑草である。ヌマメグリはミズキンバイ。

「チャンチンモあり。ガ《ゴ》ウナイをとる。價《あたい》キシャゴに半す。山谷の深田の肥料に用ゆ」

ゴウナイは巻貝の殻に入ったヤドカリのことで、ウミニナ、ホソウミニナといった巻貝の中に入っている。キシャゴも巻貝で、イボキサゴまたはキサゴと呼ばれる。これらを当時肥料にしていることがわかる。このように、『房総三州漫録』からは潜蔵の博覧強記の一端をうかがい知ることができる。


（川名　興）

佐倉藩で活躍したオランダ医学の人々

県立佐倉高校所蔵の書籍のなかには、寛政《かんせい》四年（一七九二）に創設された佐倉学問所以来の佐倉藩校の蔵書が含まれている。これらは鹿山《ろくざん》文庫関係資料として平成五年（一九九三）二月、千葉県有形文化財に一括指定されている。

佐倉藩は一一万石だから大藩というほどでもない。しかし、蔵書中の洋書を見るかぎり先進性がうかがえ、幕末期に「西の長崎、東の佐倉」といわれていたことが裏づけられる。

佐倉藩の蘭学導入は、天保《てんぽう》三年（一八三二）の藩政改革に始まる。藩の年寄役（執政）だった渡辺弥一兵衛《やいちべえ》の藩主への進言による改革だったが、藩主堀田正睦《まさよし》の開明的人柄もあって蘭学者が登用された。

正睦は、一六歳の若さで藩主になった。そこで後見役となったのが支藩である

佐倉順天堂記念館に建つ佐藤泰然の胸像と尚中らのレリーフ

佐野藩の堀田正敦《まさあつ》である。正敦は蘭学の伝統ある仙台藩の出で、幕府の要職に就き天文方に蘭書の翻訳も命じており、この影響も大きかったといえよう。

渡辺弥一兵衛の推薦で江戸から佐藤泰然《たいぜん》が佐倉に招聘《しょうへい》され、医学はもちろん兵制改革にも協力することになる。佐藤泰然は佐倉・本町に病院と教場を兼ねた順天堂を設立して活動の拠点とした。

現在、県史蹟《しせき》「佐倉順天堂記念館」として保存されている建物は、安政《あんせい》五年（一八五八）に成田街道の

佐倉順天堂記念館（旧佐倉順天堂）　住所／佐倉市本町81　交通／京成佐倉駅からバス順天堂病院下車、すぐ

向かいから移築したものの遺構だが、当時は診療と教場を兼ねる母屋と住居二棟、寄宿生用の二棟があった。

佐藤泰然は、天保十四年に佐倉藩家老の娘に人痘法《じんとうほう》による天然痘の予防接種を行っており、泰然の弟子関寛斎《かんさい》は『順天堂外科実験』を著した。そのなかには患者三六人の手術を記録してある。また慶応《けいおう》元年（一八六五）「順天塾社中姓名録」には、北は松前藩から南は九州佐土原《さどわら》藩の者、特に越前《えちぜん》福井藩出身の者の名が多く見え、大坂の緒方洪庵《おがたこうあん》の適塾《てきじゅく》と並び幕末の二大学塾とも呼ばれている。

記念館の前庭には泰然の胸像、二代目の尚中《たかなか》、泰然の実子松本順、尚中の娘の静、静の夫佐藤進、泰然の末子薫のレリーフがある。

（森田　保）

八歳で渡米したミス・ウメコって誰？

津田梅子が横浜からアメリカ号に乗船したのは明治四年（一八七一）のこと。数えで八歳だった。見送りの群衆の注目を集め、叔母の須藤某はそのなかにいて、誰かが「まだ小娘なのに。鬼のような親だ」と言うのを聞いている。

梅子は元治《げんじ》元年（一八六四）十二月三日、佐倉藩士津田仙《せん》の次女として、江戸牛込《うしごめ》南《みなみ》御徒町《おかちまち》（現東京都新宿区）に生まれる。梅子の祖父は堀田正睦《まさよし》の家臣で、勘定頭元締として名高かった。父仙はその四男である。

仙が梅子に寄せる期待は大きく、明治四年、欧米文物視察特別使節・岩倉具視《ともみ》大使一行に八歳の梅子を参加させたのである。それから一一年間米国で勉強した梅子は、明治十五年に帰国したが、父仙の通訳がなければ家族と話すこともできないほど日本語に不自由し、また自分に適した職業もないことから、失望の日々を送った。

それでも明治十八年、伊藤博文の紹介で下田歌子の桃夭《とうよう》女学校・華族女学校の英語教授として奉職することになり、日本での生活もようやく活気を取り戻した。

明治三十一年、女子高等師範学校教授となり、この年、万国婦人連合大会に日本婦人代表として米コロラド州デンバーに出発、ついでに欧州に遊学した。同三十三年、東京麹町《こうじまち》に「女子英学塾」（津田塾大学）を創立して塾長となると、五三歳まで女子教育一筋に尽くす。

生涯独身を通した梅子の真意は、「政府のおかげで外国で修行して来たのだから、この御恩は国に返さなければならない」というものであった。

ブリンマー大学卒業時の津田梅子

大正十一年（一九二二）、糖尿病のため病床にあった梅子に、皇后陛下よりお見舞いを賜り、昭和三年（一九二八）、勲五等瑞宝章を受けたが、翌四年八月十六日亡くなった。六五歳。墓は東京都小平市の津田塾校内にある。

（森田　保）

なぜ白樺派は手賀沼周辺に身を寄せたのか？

夏目漱石《そうせき》の門下、中勘助《なかかんすけ》が手賀沼畔《てがぬま》の高嶋家に仮寓《かぐう》したのは大正九年（一九二〇）末から同十二年暮れまでの約三年間だった。中勘助はそのころ、病気の兄に代わり家事監督を任せられたものの、家中の紛争に嫌気がさしていた。

勘助の代表作である『沼のほとり』はそういう背景のもとで著されたのだが、手賀沼畔に仮寓したのは、すでに大正四年から手賀沼畔に居を構えていた志賀直《しがなお》哉《や》の誘いも契機となったらしい。

「わしがとこから五ちょべえくれば　音に名だかい久兵衛さんの椿《つばき》　まわり六尺背は二十二尺　二百三百しん紅にさいて　おちたその実が目笊《ざる》に五百　安いときでも一両二分になるとさ」

この一節は、勘助が散策がてら志賀宅を訪問する際、いつも足を延ばすその道

手賀沼

筋にある椿の大木を歌ったものだ。

この椿、実は枝葉の勢いを失いうつろな姿を曝《さら》していた。かつての、のどかな沼の雰囲気が失われたためであろう。勘助はなぜか本来の持ち主である久左衛門の椿を久兵衛のそれと錯覚したが、持ち主の屋号と関係なくこの詩によって椿は永遠の名木となった。

勘助を誘った志賀直哉は、民芸運動の柳宗悦《やなぎむねよし》に誘われ、最初に自分の家を持ったのが我孫子《あびこ》・弁天山だった。武者小路実篤《むしゃのこうじさねあつ》の叔父の娘、康子と結婚したことから父と不仲とな

手賀沼公園　住所／我孫子市我孫子新田　交通／JR我孫子駅から徒歩10分

っていた志賀直哉は、妻の病気もあって悶々《もんもん》としていた時期でもあり、渡りに舟とばかりに上州赤城・大沼から移って来たのである。

ここでは『城の崎《きさき》にて』『夜の光』『小僧の神様』『赤西蠣太《かきた》』『雪の日』『焚《た》き火《び》』などのほか、名作『暗夜行路』の前編、後編三までが執筆されている。

この間、大正五年に武者小路実篤が転居して以来、陶芸家バーナード・リーチも柳の庭に築窯《ちくよう》。白樺派《しらかばは》の四人が顔を合わせることになり、彼らのもとに多くの同人が訪れ、文芸運動が展開された。

柳の我孫子在住は叔父の講道館創設者、嘉納治五郎《かのうじごろう》の農場が近くの白山にあり、その世話で建てた姉の家に、新婚の宗悦と兼子が留守番がてら住み込んだことが機縁だった。

（森田　保）

点字の父、心に白い杖を与えた石川倉次

フランス人、ルイ・ブライユの考案した点字を、明治二十年代初めに東京盲唖《もうあ》学校の小西信八《のぶはち》先生が生徒の一人に教えてみると、一週間で読み書きが可能になったという。ただ、アルファベットによるローマ字綴《つづ》りだったため、いささか不便であった。

「日本人向けの点字が考えられないか」

こう考えた小西先生は、石川倉次、遠山邦太郎、伊藤文吉に協力を求めた。その求めに応じた三人は、いずれも千葉県人であった。

なかでも石川倉次は、鶴舞《つるまい》小学校（市原市）卒業後、検定試験や講習で教員の資格を得た努力の人だった。

明治十八年（一八八五）、倉次は千葉郡馬加《まくわり》村（現千葉市花見川区）の浜田小

学校に赴任し、国語教育に関心があったため「東京かなの会」に入会する。そこで小西先生を知り、盲唖教育に従事することになった。明治二十二年の一年間、倉次は点字考案に没頭した。

明治二十三年十一月東京盲唖学校で、倉次の考案した点字が採用されることが確定した。この点字は五十音半濁音数字だったので、点字で書き記すにはすべて歴史的仮名遣いによった。それでも、凸字針文字とは比較にならないほどの便利さを生徒は知った。

翌二十四年の新学期から、わが国盲学校の双璧《そうへき》、京都市立盲唖院もそのまま採用し、日本の盲教育は一大飛躍をとげた。そして同三十六年、パリ万国博覧会では金牌《きんぱい》を受けたのである。

さらに同四十二年、文部省は倉次の『日本訓盲点字説明』を出版。これによって日本点字の決定がなされた。昭和十九年（一九四四）十二月二十三日、疎開先の群馬県で没。享年八六歳。

（森田 保）

房総の潜水夫たちは宝物を見つけられたのか？

日本の潜水業は、横浜の増田万吉に始まる。彼はオランダの潜水夫ヒフトから潜水技術を学び、明治元年（一八六八）に帰国している。明治十一年四月二十九日、増田万吉らは、安房《あわ》郡根本村（現南房総市《みなみぼうそうし》）地先で潜水器を使ってアワビの採取実験を行い、六月から事業化した。以来、千葉県出身者による潜水器漁業は「海産潜り」といい、アワビ、タイラギ、ホヤなどを求めて国内はもちろん、海外まで進出した。県内で潜水夫が多い地域は、富津《ふっつ》市富津、南房総市白浜町、勝浦市の三地域である。特に富津は最も多く、明治二十年代からタイラギ漁に導入された。漁期以外は他地域で技術を生かし、高収入を得ていた。

富津地先の東京湾は、古来船舶の航行が多く、海難事故も少なくない。そのため沈船の処理には潜水技術が求められる。昭和四十一年（一九六六）、全日空機の羽田沖墜落事故の際にも協力した。また海底の宝探しも何回か行われている。

明治元年、東京湾に沈んだ蒸気船オネイダ号は、「南北戦争後の余剰兵器を徳川家に売却した代金四〇万ドル分の小判を積んだまま」といわれ、第二海堡《かいほ》と第三海堡の間、船首を東南に向け、ヘドロの中に埋没している。

この捜索は大正時代から行われており、昭和四~五年ごろには富津の平貝漁潜水業、大嵩《おおだけ》定吉が潜水夫の斎藤松次郎、平野次郎吉に捜索させたが発見できず、昭和十四~十五年ごろ、船体の金属を軍に献納することを目的に宍倉《ししくら》浜吉・大嵩岩吉両潜水夫が、火薬を使って爆破し、船室から青銅の香炉を得たものの採算に合わなかった。戦後の昭和二十四~二十五年ごろには横浜の武藤某が、スポンサーを公募して、宍倉茂男、松田松男潜水夫を潜らせ、骨董《こっとう》品一〇〇点を引き揚げたが、小判はまだ眠ったままのようだ。

沈没船の宝探しの難しさは、位置が確認できても長い間、海流によってバラバラに移動してしまうことで、内湾では、さらにヘドロの堆積という問題もある。

（森田 保）

明治期、日本の歯科医師を育てた人は？

嘉納治五郎《かのうじごろう》が我孫子《あびこ》に二万坪の土地を購入したのは、当地出身の血脇守之助《ちわきもりのすけ》の斡旋があったからといわれている。治五郎には、私立学園の設立構想があったのだ。

守之助は講道館で柔道を習い、治五郎が東京高等師範学校校長のころには、東京医科医学専門学校の校長を務めていたので、交流があったのだろう。

守之助は、明治三年（一八七〇）我孫子宿の旅籠《はたご》・かど屋に婿入りした元彰義隊士の加藤誠之助とたきの間に生まれたが、四歳の時に母を亡くし、父と離別して印旛《いんば》郡白井《しろい》町の祖父の実家、血脇家の養子となり、改姓した。

一三歳で上京した守之助は、東京英学校、共立学校、明治英学校を転々、慶應《けいおう》義塾《ぎじゅく》別科に入学、卒業後は東京新報社に入社したが、のち新潟・三条の中学の

嘉納治五郎別荘跡　住所／我孫子市緑1-10　交通／JR我孫子駅から徒歩約18分

英語教員に転じた。
歯科医への転向はたまたま英字新聞で見た記事によるとされ、再上京して高山歯科医学院で二年間修行して歯科医になった。二九歳で同校を引き継ぎ、大正九年（一九二〇）には、高山歯科医学院を東京歯科医学専門学校に昇格させ（千葉市美浜区にある東京歯科大学の前身）、昭和十八年（一九四三）まで校長として在職した。この間、守之助は近代設備と優秀な教授を配し、歯科教育の模範を示し、実践したのである。

血脇守之助（右）と野口英世

明治三十六年、大日本歯科医会を創立し、歯科医の存在を世間に認識させ、同時に、歯科医療の向上、歯科教育の振興に力をそそぎ、黄熱病の研究で名をあげた野口英世《ひでよ》をはじめ、多くの人材を育てた。そして、日本歯科医師会会長などを歴任、勲四等を受けた。昭和二十二年（一九四七）二月没。七七歳だった。

（森田　保）

小林一茶が思いを寄せた女性俳人・花嬌

俳人、織本《おりもと》花嬌《かきょう》(?―一八一〇)は、上総《かずさ》国西川村(現富津《ふっつ》市青堀)名主小柴《こしば》庄左衛門《しょうざえもん》の娘として生まれた。名を園、号を花嬌、対潮庵ともいい、富津村(現富津市)の庄屋織本嘉右衛門《かえもん》(号砂明《さみょう》)に嫁いだ。

若いころから文芸に親しみ、その名は江戸俳壇にも知られ「鎌倉の仙鳥、上総の花嬌」といわれた。三世雪中庵蓼太《せっちゅうあんりょうた》、小林一茶《いっさ》と親しく、一茶はしばしば富津を訪れては大泉寺や織本家に滞在して句会を開いたという。

一茶の句帖《くちょう》に花嬌の名が初見されるのは文化《ぶんか》三年(一八〇六)五月七日。寛政《かんせい》六年(一七九四)に夫砂明は没したから、この時花嬌は未亡人であった。『一茶の研究――ウィタ・セクスアリス』(大場俊助著)によると、美しい年上の花嬌に一茶は思いを寄せ、花嬌と思われる女性を詠んだ句を挙げている。

しかし、『一茶漂泊——房総《ぼうそう》の山河』（井上脩之助著）によると、一茶も雪中庵の俳人だったので、織本家との交際は寛政元年からと見ている。

文化七年四月三日、花嬌は七〇歳くらいで亡くなり、大乗寺に埋葬され、墓は昭和五十年に県指定文化財となる。一茶は花嬌没後六回ほど富津を弔問。百カ日忌には「草花やいふもかたるも秋の風」「目覚ましのぼたん芍薬《しゃくやく》でありしよな」と偲《しの》んでいる。

三回忌には、一茶は織本家に滞在して『花嬌家集並追善集』を編纂《へんさん》し、なお、花嬌、夫砂明、その子子盛（養嗣子）の句は一茶の『三韓人』『七番日記』に入集されている。

昭和十一年（一九三六）、花嬌の遺稿は子孫織本泰によって『花嬌遺稿』として出版され、「白梅や軒端にかけし干しあらめ」「藍《あい》くさき此の町早し衣替え」の二句が収められた。さらに一茶の句集からは、「用もない髪と思へば暑さかな」「春風や女力の鍬《くわ》にまで」などの句が採録され、旅日記『すみれの袖《そで》』も加えられた。

（新羅愛子）

稲毛で民間航空を発展させた三人とは？

明治四十四年（一九一一）五月、奈良原三次《ならはらさんじ》は自身の設計、製作による奈良原式飛行機の飛行に成功した。ところが利用していた所沢飛行場が手狭になったということで、民間の使用を断ってきた。

奈良原は、弟子の白戸《しらと》栄之助、伊藤音次郎と共に代替の飛行場を探したが、結局奈良原が鴨猟《かもりょう》を行ったことがある稲毛《いなげ》海岸に白羽の矢を立てた。潮の干満があるものの、一帯は沖合四キロメートルの遠浅のうえ、干潟の砂も硬く、練習用に差し支えなさそうなので、ここに日本最初の民間飛行練習所を開設した。

明治四十五年五月、教官である白戸栄之助は奈良原式鳳《おおとり》号を操縦し、離着陸を繰り返す。以来、大正六年（一九一七）十月一日の高潮で設備が使用不能になるまで民間航空のメッカだった。

奈良原三次は明治十年、薩摩《さつま》藩士である奈良原繁の子として出生し、東京帝大工学部造兵科を卒業した。その後、横須賀海軍工廠《こうしょう》に入所すると、飛行機の設計、製作に没頭し、明治四十三年に奈良原一号機を完成させた。

また弟子の白戸栄之助は、明治十九年青森県にて出生。陸軍気球隊を退役後、所沢飛行隊長・徳川好敏《よしとし》大尉の推薦により奈良原のもとで鳳号を操縦し、民間パイロット第一号の栄を担う。白戸もまた、千葉町、寒川新宿《さむがわしんじゅく》の干潟に飛行場を設け、この練習場から多くのパイロットが巣立っていった。

一方、伊藤音次郎は、大正四年に独立して稲毛に飛行機研究所を設立。翌年、自ら設計した恵美《えび》号を稲毛飛行場から飛ばし、さらに民間初の夜間飛行にも成功した。

ところが、同六年九月、台風のため海岸にあった飛行場は一夜にして破壊されてしまった。そこで伊藤音次郎は津田沼鷺沼《さぎぬま》海岸に、本格的な格納庫と工場を建設し、伊藤飛行機製作所と改称。昭和二十年（一九四五）の終戦まで飛行機五四

稲毛民間航空記念館　住所／千葉市美浜区高浜7-2-2　交通／JR稲毛駅からバス高浜南団地下車、徒歩3分

民間航空発祥の地記念碑

機、グライダー一五機を製作し、一四二名のパイロットを養成した。

音次郎はかつて同じように夢を燃やし、大空に命をかけた若き技師やパイロット、そして恩師奈良原のため、昭和四十六年（一九七一）七月二十九日、稲毛海岸四丁目に「民間航空発祥の地記念碑」を建立した。没年は同年十二月、享年八〇歳。墓は松戸市の八柱《やはしら》霊園にある。

（森田　保）

民間航空発祥の地記念碑　住所／千葉市美浜区稲毛海岸4丁目地内　交通／JR稲毛海岸駅から徒歩約10分

二人三脚や綱引きを日本に紹介したのは誰？

坪井玄道《つぼいげんどう》は嘉永《かえい》五年（一八五二）一月九日、東葛飾《ひがしかつしか》郡中山村鬼越《おにごえ》（現市川市鬼越）の農業坪井嘉助《かすけ》の次男として生まれ、幼名を仁助といった。慶応《けいおう》二年（一八六六）江戸へ出ると洋学所に入り、岡保義について英学を修めた。

明治四年（一八七一）大学小得業生となり、大学南校に勤め、同年七月文部権小助教に命ぜられ、翌年、師範学校掛となり、米人御雇教師マリオン・M・スコットの通訳を務め、英語と算術の授業を行った。その後は米国教育制度を取り入れ、わが国教育制度改革を行っている。

体操伝習所の設置が決定すると、政府はアマースト大学よりジョージ・アダムス・リーランドを招いて、玄道を通訳に採用した。

明治十二年四月、東京神田一ツ橋二番地に体操伝習所が開設されると、生徒二五名が入学。玄道は助手となってリーランドの体操をいちはやく身につけ、日本人体操教師第一号となっている。

二年後の七月、伝習所は卒業生二〇名を輩出し、そのうち助手として四名を伝習所に残した。リーランドはこの第一回卒業生を出したのち米国へ帰ったが、玄道はリーランド帰米後、体操主任教師として、四人の助手と新設体操術の普及に努めた。

坪井玄道

明治十八年、玄道は田中盛業との共編による『戸外遊戯法』を出版。この本により、二人三脚、旗拾い、綱引きの運動競技が紹介された。

玄道は、リーランドによって伝えられた体操を老若男女共通の運動とするべく、『新撰体操書』の中で紹介した。すると翌年、この体操は学校令公布とともに「普通体操」と命名され、各学校で実施されることになり、翌二十年「普通体操法」と題した教科書が文部省から刊行され、初の体操教科書となった。

明治十九年の伝習所廃止後、高等師範学校助教諭、明治二十二年には同校教授となり、さらに明治三十四年、体操研究のため、イギリス、フランス、ドイツ、アメリカへ留学。同三十五年に帰朝して舞踏やドイツの行進遊戯を紹介、指導した。明治四十二年に退職すると、大正六年（一九一七）まで講師として勤めた。

明治三十七年、文部省は体操遊戯法を統一するため、体操遊戯法調査会を組織したが、玄道はその委員として、公正な態度で、その要務を果たした。わが国体育基礎確立のため、また体育法を決定する要綱の制定にも尽力している。

大正十一年十一月二日死去。玄道の功績は主として体操にあったが、野球、漕《そう》艇《てい》、卓球、サッカー、テニスなどの遊戯を紹介、指導して、学校体操の明朗化に努力したところにもある。

（森田　保）

馬と親んだ土の歌人・吉植庄亮

千葉県文化会館の前庭に、県が生んだ代表的三歌人の碑がある。「一人は伊藤左千夫《さちお》……、ほかの二人は誰だったかな」と考える人も多いだろう。

正解は、吉植庄亮《よしうえしょうりょう》と古泉千樫《こいずみちかし》。

吉植庄亮は、土の歌人、農の歌人として知られ、歌誌『橄欖《かんらん》』を主宰し、のびのびとした気分を新鮮に歌いあげた。

庄亮が父祖以来の印旛沼《いんばぬま》開墾を決意し、本埜《もとの》村下井（現印西市）に帰村したのは大正十三年（一九二四）のこと。昭和十一年（一九三六）には、父の地盤を継いで衆議院議員となった。体制への協力は、農本主義思想を掲げる庄亮にとって当然のことであり、戦意高揚の歌を数多く作った。そのため、戦後は歌人として批判され、公職も追放されている。

千葉県文化会館（三歌人の碑）　住所／千葉市中央区市場町11-2　交通／JR本千葉駅から徒歩10分

三歌人の碑

一方で、庄亮は戦前、農業も企業的に成立する産業であるとの確信を持ち、印旛沼・長門川《ながとがわ》西岸にできた利根川《とねがわ》の氾濫原《はんらんげん》開墾に取り組み、大型トラクターを導入した大規模農法のパイオニアとして評価されている。

　昭和十四年、庄亮は『馬の散歩』という随筆集を刊行する。当時の出《で》津《づ》村（現市原市）を回想するには格好の本であり、標題は座敷まで散歩にきた小馬「長面貴公子」「仔馬《こうま》」からとったものであった。

　この馬は、三里塚の御料牧場から払い下げを受けた吉野号の子馬で、農作用にはもったいない血統馬だった。吉植家では、この馬の親子を家族並みに遇した。

大正十二年五月、庄亮は冒頭にある三歌人の一人の古泉千樫、それに北原白秋《はくしゅう》らを出津の自宅に案内している。千樫の「夕づきて　そよぎ侘《わび》しき草原に　添ひて立てり　馬の親子」という歌は、このときのものである。

庄亮は夜半の小用で暗やみの中、長面の馬にキスされて仰天したこともあれば、あるときは友人との酒宴の座敷に「仲間外れにしないで」と踏み込まれ、つぶらな目で訴えられたこともあったという。

歌人・川田順は、そんな庄亮へ「馬さえや　座敷に上がる野の家に　昼寝すごして　ふぐりふまるな」という歌を贈っている。

（森田　保）

和田の海に消えた韓国海女

平成元年（一九八九）六月二十七日午前一〇時五〇分ごろ、房州《ぼう》の沖合い一〇〇メートル、アワビ漁の仕事場で韓国人海女《あま》のAさんが海中で息絶えた。近くにいた漁船が引き揚げたが、すでに水死していたという。

♪可哀想で悲しい　チャムスの暮らし　誰が教えたか恨めしい……
　水の中を行ったり来たり　息も苦しく　心も切ない……

この歌は、朴行益の「チャムスの歌」だが、房州の海に死んだ済州島《チェジュド》出身の一海女の生活そのものだった。

チャムス（潜嫂）のルポルタージュを書いた在日韓国人二世、金栄さんは、知らせを聞いて「房総の海を知りつくしていたはずなのに……」と、声をつまらせたという。所轄警察の検死結果では、体力が弱っていたのが原因とされた。実は、

Aさんは前年春に内臓の手術を受けており、これが水中作業に耐えられるだけの体力を奪ったのだろう。

済州島のチャムスは、明治末年から三宅島に出稼ぎに来ており、房州での最初の拠点は和田浦だった。第二次世界大戦中には、火薬原料となるカリを含む海藻のカジメ採りに潜水を強制されている。

チャムスのAさんは、戦前に来日。大阪でしばらく暮らした後、昭和三十年に房州で海に潜った。すでに三十代だったが、以来三四年にわたって潜り続け、二人の子供を育てあげた。

日本の素潜り漁の流れは、台湾から沖縄経由と朝鮮半島から済州島経由の二つがあり、特に、済州島のチャムスは世界的に注目され、日本海女のルーツと目されている。房州海女（士）の来歴も、館山市西岬の鉈切洞窟《なたぎりどうくつ》から鹿角製のアワビ起こしが発見されたことや、平城京に貢進された干しアワビの荷札（木簡《もっかん》）の存在することから、その時代をうかがい知ることができる。

済州島のチャムスは、潜水能力が優れているがゆえに、地元の日本人海女から差別を受けたことも事実である。しかし、千倉町（現南房総市）の地元海女の何人かは、韓国の民族衣装チマ・チョゴリの下着に着用するソジュンギと同じような仕事着をチョーセンといって愛用した。愛用したのは、ソジュンギに似た仕事着が合理的であったことに加え、それを着用するチャムスたちの仕事ぶりにひかれたことも理由だった。

Aさんは、子供が独立した後も、六八歳まで一人暮らしを続け、房州の海から離れなかった。それは、済州島のチャムスという誇りがあったからだろう。

（森田　保）

第 4 章　宗 教 ・ 民 俗 編

香取神宮大鳥居

なぜ本阿弥家ゆかりの五重塔は建てられたのか?

市川市中山の法華経寺《ほけきょうじ》には国宝の日蓮《にちれん》直筆書跡のほか、室町時代から江戸時代にかけての古建築（法華堂、四足門《しそくもん》、五重塔）が国指定文化財になっており、祖師堂も一〇年の年月をかけて旧状の比翼入母屋造《ひよくいりもやづく》りに復元され、平成十一年（一九九九）四月に落慶式が行われている。

山門（赤門）楼上の扁額《へんがく》「正中山」は、祖師堂、法華堂の額と共に本阿弥光悦《ほんあみこうえつ》の筆跡であり、境内の一画にある本阿弥家分骨墓三基と同様、市の指定文化財である。

阿弥号は中世以来浄土系の僧侶、仏工、画工、能役者の名に付けたもので、本阿弥家は、刀の研ぎ、拭《ぬぐ》い、鑑定が専門の家柄であった。

一説には、足利義教《あしかがよしのり》の政所執事《まんどころしつじ》にあった松田家から婿として本阿弥家に入っ

中山法華経寺　住所／市川市中山2-10-1　交通／JR下総中山駅から徒歩10分、京成中山駅から徒歩7分

法華経寺の参道と五重塔

た清信《きよのぶ》が、義教の不興を被り下獄したとき、法華経寺で修行した日親《にっしん》に感化を受け、法華信者になったともいう。

日親は武射《むしゃ》郡埴谷《はにや》（現山武《さんむ》市）の出で日蓮にならって辻説法をし、足利義教に法華教の信仰を迫ったが、それが嫌われて頭に焼け鍋を被せられるという虐待を受け、「鍋かぶり日親」ともいわれた。

清信は、のちに本阿弥六代・本光と称するようになるが、その子光心には男子がなかったため、侍所《さむらいどころ》所司《しょし》多賀高忠の次男を光二とし、光心の長女・妙秀に迎える。その子が光悦である。

　しかし、光心に男子、光刹《こうさつ》が誕生。光二は引いて分家を立てた。本家筋光刹の子光徳には光悦の妹妙光が嫁ぎ、光悦の姉は尾形宗伯《そうはく》に嫁し、光琳《こうりん》、乾山《けんざん》は宗伯の孫となる。

　本家の三業から解放されたことが、結果として光悦を芸術に没入させることになったともいえる。一方、本家の光徳の子・光室は江戸に下向するが、寛永《かんえい》七年（一六三〇）に急死した。急いで光悦は東下し、江戸で二日を過ごして中山に入ったという。

　五重塔は光室と前田家の合力による光徳と母・妙光の菩提《ぼだい》のための建立であり、棟札には元和《げんな》二年（一六一六）とある。


（森田　保）

法華経寺奥ノ院・若宮館跡にまつわる人々

市川市若宮二丁目の若宮館跡は、一般には中山法華経寺《ほけきょうじ》の奥ノ院として知られている。若宮館跡あるいは富木《とき》播磨守《はりまのかみ》館跡ともいう。

館は、中山台地が微高を保ちながら南西に突き出た先端地の城跡に造られた。今でも高さ一メートルほどの土塁が残り、古木がうっそうと茂っている。館の主は富木蓮忍《れんにん》といい、因幡《いなば》国富木郡（現鳥取市）の出であった。下総《しもうさ》の守護大名である千葉氏を頼って当地に移住し、八幡庄《やわたのしょう》若宮に邸を構えたらしい。

蓮忍の子、常忍《じょうにん》は守護千葉氏の事務官僚として日常生活を送っていたが、常忍が日蓮《にちれん》と接近したのは、建長《けんちょう》五年（一二五三）ごろといわれている。

日蓮が文永《ぶんえい》六年（一二六九）に記した『富木氏宛書状』には、日蓮の指導で大師講という宗教活動が催されていることが言及されている。この講会《こうえ》は、天台大

若宮館跡　住所／市川市若宮2-21-1　交通／JR下総中山駅から徒歩13分、京成中山駅から徒歩10分

法華経寺奥ノ院境内（若宮館跡）

師の像や画像のもとで法門について話し合い、日蓮の書状を披露するなどして地主層、在地農民、職人層にいたるまで結束を図ることが狙いで、これが法華寺、弘法寺《ぐほうじ》発展の基礎となった。

すでに日蓮は文応《ぶんおう》元年（一二六〇）七月、問答形式で社会の中心権力を動かして民衆を救済しようという趣旨の『立正安国論《りっしょうあんこくろん》』を北条時《とき》頼《より》に提出したが、幕政批判と受け取った体制側から鎌倉松葉《まつば》ケ谷《がやつ》の草庵を焼き討ちされて、若宮に身を寄せていたのである。

文永《ぶんえい》の役《えき》、弘安《こうあん》の役と二度の元寇《げんこう》を受け、三度目のフビライ襲来を懸念しつつ、弘安五年（一二八二）九月、日蓮は池上《いけがみ》で病没する。

常忍は、文永の役での主家・千葉頼胤《よりたね》の戦傷死、続いて老母の死別に遭遇する。日蓮の没後は僧侶となり、日常《にちじょう》と改め、若宮の館の持仏堂を寺院とし、法華寺といった。

一方、常忍より上の位置にいたらしい武士の太田乗明《じょうみょう》も日蓮に帰依《きえ》し、常忍は乗明の子、日高《にちこう》を二代目に据えている。太田氏の館は本妙寺《ほんみょうじ》に発展し、やがて両寺は二寺を一主制とする中山門流となり、法華経寺と名乗るのは、天文《てんぶん》十四年（一五四五）で第一〇世日侊《にちごん》のときからである。

（森田　保）

夢のお告げを受けて掘り出された五輪塔

寛永《かんえい》十一年（一六三四）三月、上総《かずさ》国野田村（現千葉市緑区誉田《ほんだ》）に多数の信者を得た日蓮《にちれん》僧日浄《にちじょう》は、布教の拠点として本門山本覚寺を建てた。日浄は、下総《しもうさ》生まれといい、元は一致派（身延《みのぶ》派）に属し善学院の別称があった。彼は、奥州《おうしゅう》二本松の横出川出雲守《いずものかみ》の屋敷において日蓮宗不受不施《ふじゅふせ》派の日《にっ》経《きょう》に出会い、出雲守以下三十余人がともども受法し、日経を師とした。

日経は上総国二宮領南谷木一松（現茂原《もばら》市）出身といわれている。法華経の信者以外からは布施を受けず、施さずという信仰の純粋を貫いた。その結果、「身《しん》池《ち》対論」「寛文《かんぶん》法難」「元禄《げんろく》法難」「行川《なめかわ》法難」「天保《てんぽう》法難」といった弾圧により壊滅状態となった。その後、不受不施派が再興されたのは、明治九年（一八七六）のことである。

五日堂（誉田市民センター）　住所／千葉市緑区誉田町1-789-49　交通／JR誉田駅から徒歩20分

一方、「後生願わば野田の寺　野田は南無妙法蓮華教《なむみょうほうれんげきょう》」といわれた日浄の本覚寺は、創建翌年の寛永十二年に土地の代官、三浦監物《けんもつ》により焼き討ちされ、日浄以下僧俗九名（六人説もある）を八月五日、江戸送り。同月下旬上総東金《とうがね》まで引き回して九月五日、野田十文字ヶ原で磔《はりつけ》にした。

遺骸を葬った場所は「恕閑塚《じょかん》」と称された。恕閑は日浄の別号で土地の人々は「お塚山」といって敬った。梟首《きょうしゅ》された日浄の首級は、信者によりその夜のうちに焼失し、本覚寺境内で改葬されて目印に杉苗が植えられた。

寛永十三年、命日の九月五日、高田村原右衛門は五輪塔を建てて供養したが、「法華キリシタン」といった禁教の目をはばかり、これも土中に隠さざるをえなかった。

明治九年、日蓮宗不受不施派が独立教団になった後、同二十二年七月五日、お盆迎えの準備をしていた檀家《だんか》の一人は「杉の下を掘れ」の霊夢を受け、翌日掘り出したのがその五輪塔だった。現在も日浄を「御五日様」といい毎年八月、発掘場所付近に建てられた五日堂で分散秘蔵した什物《じゅうもつ》を公開している。

（森田　保）

不撓不屈の鍋かぶり日親！

日親《にっしん》上人誕生井戸伝説の地は、『山武《さんぶ》郡郷土誌』に「妙宣寺《みょうせんじ》の西北約三町、畠と崖《がけ》との間にあり。深さ数丈、日親の初湯《うぶゆ》を汲《く》みし井なりば、霊験ありとて、信徒は眼病無二の霊水として尊重する。往時、井底に星見えしとて星降り井とも称す……」とあり、地下水の染み出る「根だれ」といった水源地帯だった。

文中の妙宣寺は、総武線八街《やちまた》駅から成東《なるとう》方面への道筋にあり、かつては横芝―埴谷《はにや》―馬渡《まわたし》―船橋―行徳《ぎょうとく》―江戸といった九十九里の鮮魚、農産物輸送の重要ルートだった。

この一帯を支配した領主が埴谷大掾《だいじょう》左近《さこん》という千葉氏の流れの武士で、日継《にっけい》という法名を持っていた。日親は、この人の次男で幼名を虎菊丸《とらぎくまる》という。のちに鍋かぶり上人としてあがめられた日親は日蓮《にちれん》以後、日蓮そのもののような他宗排

妙宣寺　住所／山武市埴谷1396　交通／JR成東駅もしくは八街駅からバス寺ヶ台下車、徒歩2分

撃運動をしたため、迫害を受けた。

特に、永享《えいきょう》十一年（一四三九）には天台宗の大僧正《だいそうじょう》から室町幕府六代将軍になった足利義教《あしかがよしのり》に、真っ赤に焼けた鉄鍋をかぶされるという拷問《ごうもん》を受けた。これがもとで鍋かぶり上人と呼ばれることになる。日親の頭は、火傷《やけど》ででこぼこになり剃刀《かみそり》が当てられず、剃髪《ていはつ》は鋏《はさみ》でしたともいわれている。日親に獄中で入信したのが、義教の不興を買って下獄した本阿弥《ほんあみ》清信《きよのぶ》だった。出獄後、本光《ほんこう》という法号を授けられ、のちに日親が布教根拠地とし、自らが没した京都・本法寺の有力な支援者となっている。

日親が最初に法華教の教学を受けた中山法華経寺《ほけきょうじ》には光悦《こうえつ》の供養墓があり、寺の五重塔も本阿弥家の尽力により建てられた。いずれも日親との縁がもとである。

日親の兄、日国が二代住職となった妙宣寺には、

「故礼《これ》やこの埴谷大掾左近の子、南無鍋冠《なべかんむり》　日親上人」

「焼爛《やけ》湯具《とどろぐ》鍋《なべ》能下《のした》にゐて厳声《おごそかごえ》よ法華経を唱ふ」

の歌碑がある。

（森田　保）

大巌院の四面石塔に刻まれたハングルの不思議

館山市の仏法山大網寺大巌院《おおあみじだいがんいん》（浄土宗）に建つ四面石塔は、総高二一九センチメートルの玄武岩で、一段目の基礎である塔身四方に石製水向《みずむけ》が配置されている。これは、仏に対し、閼伽水《あかみず》を手向けられるよう置かれたものだ。さらに、二段目の基礎上の蓮華台《れんげだい》の四方に東西南北の順でハングル、漢字、篆書体《てんしょ》、梵字《ぼんじ》による「南無阿弥陀仏《なむあみだぶつ》」が陰刻されている。これは、四海同隣を意味しているという。

石塔の造立者は梵文右側に山村茂兵とあり、死後の安楽を祈る逆修《ぎゃくしゅ》のため自分の戒名である建誉超西信士とともに夫人と思われる栄寿信女という戒名が刻されている。左には元和《げんな》十年（一六二四）三月一四日、房州山下大網村大巌寺檀蓮社雄誉《だいがんじだんれんしゃゆうよ》が書いたとある。

元和十年は、一五九二年の文禄の役から三十三回忌の年。

大網寺大巌院　住所／館山市大網398　交通／JR館山駅からバス南総文化ホール下車、徒歩約15分

玄武岩は、柱状節理で知られた兵庫県玄武洞の地名に由来し、節理を使った石が石材となり関東では根府川石《ねぶかわいし》が知られている。「茂兵」は技術系の渡来人説もある。また、この年十二月には第三回寛永《かんえい》元年度朝鮮回答兼刷還使《かいとうけんさっかんし》が来日している。

ハングルが刻まれた大巌院の四面石塔

ハングルは、李《り》朝四代世宗《せいそう》により邦暦文安《ぶんあん》三年（一四四六）、「訓民正音《くんみんせいおん》」として公布された。子音字母一四、母音字母一〇で構成する音素文字。それまで吏読《りとう》という漢字による不十分な表記だったが、ハングルにより朝鮮語の細部まで表現が可能になった。しかし、このハングルは「訓民正音」ではなく、「東国正韻《とうごくせいいん》」式漢字音表記である。大巌院は、里見九代の義康《よしやす》が雄誉上人に帰依《きえ》して建立したと伝わる。上人の出自には諸説があり、『増上寺史』には生実《おゆみ》大巌寺（千葉市中央区）開山道誉《どうよ》の弟子説がある。義康の子忠義《ただよし》が伯耆《ほうき》の倉吉に配流になると、元和元年八月に巡錫《じゅんしゃく》の杖《つえ》を寄せているのは里見の縁を思わせる。

文禄《ぶんろく》・慶長《けいちょう》の役《えき》で拉致《らち》されてきた捕虜のうち慶長九年（一六〇四）までに男女一七〇二人（「徳川家康公伝」）が送還されている。帰化した人材も多く、小《こ》湊《みなと》・誕生寺に入った日延《にちえん》は不受不施《ふじゅふせ》派に加担し、京・黒谷西雲院の開祖である宗《そう》巌《ごん》は医術で知られていた。

（森田　保）

石工の霊が語った 小松寺埋蔵金の行方は?

戦前の話だが、当時上野村(現勝浦市)で住職をしていたK氏のもとに、東京から松田という人が訪れた。「このお寺の檀家《だんか》に加藤さんという家はないか。実は私が信仰している霊能者の口を借りて加藤仁作という石工の霊が降りた」というのである。その霊は上総《かずさ》国上野村の出といい、仁作は慶長《けいちょう》十九年(一六一四)に里見家が改易されたとき、金銀を納める石櫃《いしびつ》を造らされ、それを嶺岡《みねおか》(現南房総市)と愛宕《あたご》(同)のいずれかに埋めたが、他言無用のため殺されたという。無念でならないので供養を賜りたいとのことだった。

里見家が拠《よ》った館山城を引き取りにきた徳川方の検分役は、千両箱がたったの二個しか渡されなかったという。しかし、古文書によると「朝日さす夕日かがやくもろの木の……」とある。

館山城(館山市立博物館) 住所/館山市館山351-2 交通/JR館山駅からバス城山公園前下車、徒歩5分

石工の霊、仁作によれば、小松寺《こまつじ》（南房総市千倉町）に大正時代まであった樹齢八〇〇年の木を目印にした場所に、溶かした黄金を粘土と松脂《まつやに》に包んだ黒い棒状のまま埋めたのだが、追及を逃れるために、埋め直しの仕事をしたらしい。

里見家は六代義尭《よしたか》、七代義弘《よしひろ》が北条氏と国府台《こうのだい》で覇権をかけて戦ったがいずれも敗北に終わっている。

一方、昭和三十九年（一九六四）十月、松戸市下矢切大堀から、唐《とう》、宋《そう》、明《みん》時代のものなど三一種の古銭が大量に出土した。場所柄、永禄《えいろく》の古戦場に近く、軍用金の一部であろう。また、市原市金剛地《こんごうじ》の成島家は土気《とけ》城主、酒井小太郎の勘定役にあり、命ぜられて黄金二八〇〇枚を埋蔵したという。

酒井小太郎定隆は本土寺《ほんどじ》過去帳にも見え、文明《ぶんめい》三年（一四七一）、頼りにした古河公方《こがくぼう》が長尾氏に追われると、海路安房《あわ》に行き里見義実《よしざね》に身を寄せている。

明治の初め、成島家の屋根裏から「一八　むしはらむ　五々　十二　八十一　九十ニシテ是ヲ終ワル　黄金二八〇〇枚也　宝暦《ほうれき》二年三月是埋む」と記した文書が発見され、以来これを伝え聞いた人々が周辺を掘り返したという。（森田　保）

小松寺　住所／南房総市千倉町大貫1057　交通／JR千倉駅から車で約8分

「行徳千軒、寺百軒」といわれた行徳の徳願寺とは?

行徳《ぎょうとく》について、『東葛飾郡誌《ひがしかつしかぐんし》』には「行徳千軒、寺百軒」という俚言《りげん》が掲げられている。天明《てんめい》六年(一七八六)の村明細帳では一七カ寺が見え、「百軒」はないものの、村の規模の割には寺の数は多かった。特に、徳願寺《とくがんじ》は多くの人に知られていた。

江戸川筋は中世に川関が設けられ、交通の要地だった。本行徳村は寛永《かんえい》九年(一六三二)伊奈忠治《いなただはる》から船往還を命ぜられており、八幡《やわた》新道は徳川家康の別称である権現様にちなみ権現道といわれたらしい。

『東海道中膝栗毛《ひざくりげ》』で当てた十返舎一九《じっぺんしゃいっく》が晩年に著した『房州道中記《ぼうしゅうどうちゅうき》』の巻頭には、「行徳・江戸小網町行徳河岸より船にのる。陸路をゆくには両国より本所《ほんじょ》竪川《たてかわ》とほり、逆井《さかさい》の渡しを渡りて行徳にいたる。陸船路とも三里なり。行徳に徳

徳願寺　住所/市川市本行徳5-22　交通/東京メトロ妙典駅から徒歩5分

回転式八角輪堂が収まる経蔵（徳願寺）

願寺という大寺あり……」とある。

江戸の川柳には「うどんやで聞いて十念《じゅうねん》うけてくる」「どらに分かれて母すぐに徳願寺」があり、前句は名物うどんで知られた笹《ささ》屋から徳願寺の道を聞き、阿弥陀《あみだ》様におすがりしたというもの。後句はどら息子が銚子《ちょうし》に追放されて、送ってきた母が息子の無事を祈って詣でたという。

徳願寺は、武蔵《むさし》国鴻巣《こうのす》の勝願寺末で慶長《けいちょう》期（一五九六〜一六一五）の創建と伝え、元は普光庵《ふこうあん》という草庵にすぎなかったが徳川家の帰依《きえ》を受け、徳川の「徳」と勝願寺の「願」

をあわせて寺名とし、開山は円誉不残上人である。

本尊の阿弥陀如来《あみだにょらい》はかつて江戸城三の丸に安置されていたという。寺領御朱印高は一〇石。三代将軍家光が本尊供養のため与えた。山門と鐘楼は安永《あんえい》四年（一七七五）の建立であり、山門の仁王様は葛飾八幡社《かつしかはちまんしゃ》の別当寺法漸寺《ほうぜんじ》にあったものを明治の神仏分離令の廃仏の嵐のなかで移されている。

境内には輪堂式経蔵、身代わり観音堂、剣豪宮本武蔵の遺物を納めて供養した石地蔵がある。文化《ぶんか》四年（一八〇七）、富岡《とみがおか》八幡宮の祭礼に詰めかけた群衆で門前の永代橋が落ち、千五百余人が水死した。境内に今も建つ供養塔が哀れを誘う。


（森田　保）

勅使門のある大慈恩寺から発見されたものとは？

成田・寺台宿から三里、朝廷からの例幣《れいへい》勅使《ちょくし》参向の折に定宿としたのが大栄《たいえい》町吉岡《きちおか》（現成田市）の大慈恩寺《だいじおんじ》だった。寺には山門が二棟並び、勅使門の屋上には一六弁の菊花紋章が飾られている。

宿場はかつて雲富《くもどう》村といい、大慈恩寺の門前として栄えた。江戸時代になって吉岡村となり佐原《さわら》、多古《たこ》、滑川《なめがわ》までいずれも三里の行程にあり、成田山参詣の人で今では想像もつかないほどの賑《にぎ》わいだったという。

昭和五十五年（一九八〇）、大慈恩寺の境内から利生塔《りしょうとう》の礎石が発見された。これを機会に史跡整備のための調査が行われ、寺の規模が判明した。

寺は平場、石段のある高まり、本堂、東地域、西地域からなり、平場は創建以来五回の整地が認められ、石段の高まりの利生塔の礎石は、元禄《げんろく》十六年（一七〇

大慈恩寺　住所／成田市吉岡183‐1　交通／京成成田駅からバス吉岡大慈恩寺前下車、すぐ

大慈恩寺の山門

三）再建のものと推定されている。塔の北東にある基壇は宝永《ほうえい》五年（一七〇八）再建の釈迦堂《しゃかどう》であり、東側には室町時代後半の溝も発見された。

この利生塔は足利尊氏《あしかがたかうじ》、直義《ただよし》兄弟が夢窓疎石《むそうそせき》のすすめで元寇《げんこう》以来の敵味方の供養を願って、日本六十六国二島に一寺一塔の造立を発願《ほつがん》。それによって造立された寺を安国寺、塔を利生塔と称したのである。

しかし文和《ぶんな》元年（一三五二）二月、鎌倉で直義は兄尊氏に毒殺されて、室町幕府の対立に終止符が打たれる。

平成三年度に県指定になった大慈

恩寺文書中には、暦応《りゃくおう》四年（一三四一）閏《うるう》四月二十日付で直義の慈恩寺祈願所とする旨の御教書《みぎょうしょ》、同年六月十五日に仏舎利《ぶっしゃり》二粒を境内に奉納したことを記す寄進状が含まれている。

南北朝の動乱は、在地領主である千葉一族を二分せざるをえなかった。それも当時の武家が分割相続制であったからであろう。指定文書五〇通には、千葉六党・大須賀家など中世千葉守護家の支配体制をうかがわせる貴重な資料である。また、当寺蔵の梵鐘《ぼんしょう》は県指定文化財。その銘文には「延慶《えんきょう》三年（一三一〇）」の紀年銘と寺名、筆者名が刻まれている。おそらく寺はこのころに開山されたか再興されたものと思われる。ほかに如意輪観音像《にょいりんかんのんぞう》などの宝物類は一括して県指定文化財となっている。

（森田　保）

なぜ日本寺の羅漢様の首は盗まれたのか？

房州《ぼうしゅう》鋸山《のこぎりやま》の南麓《なんろく》、山頂から日本寺《にほんじ》への山道に面して、羅漢《らかん》様が並んでいる。日本寺は、聖武《しょうむ》天皇の勅願により行基《ぎょうき》が開創したという伝承をもつ。寺は、法相《ほっそう》、天台、真言を経て、徳川三代将軍家光の時代に曹洞禅《そうとうぜん》となる。

五百羅漢信仰が流行するのは、江戸の中期ごろの話。明和《めいわ》九年（一七七二）には、江戸・目黒の大安寺《だいあんじ》で十六羅漢、五百羅漢が造立され、天明《てんめい》二年（一七八二）に川越の喜多院《きたいん》、小田原・玉宝寺《ぎょくほうじ》は享保《きょうほう》十五年（一七三〇）、京・深草の石峰寺《せきほうじ》は一七九〇年ごろに造立されたといわれている。

日本寺の羅漢様は九世の高雅愚伝《こうがぐでん》禅師が、安永《あんえい》九年（一七八〇）六月八日に造立を発願《ほつがん》。自ら伊豆《いず》の石山に石材を求めて行脚《あんぎゃ》したという。

石工は、上総《かずさ》国桜井村（現木更津《きさらづ》市）の大野甚五郎英令とその弟子二七人たち

日本寺　住所／安房郡鋸南町元名184　交通／JR保田駅から表参道を歩いて約45分

で、寛政《かんせい》十年（一七九八）にいたる約二〇年間に一五五三体を彫りあげた。その数は、羅漢尊者応現の道場として知られた中国懐安《かいあん》・大中寺の八百羅漢を超す。

日本寺の羅漢様

羅漢様は、サンスクリット語の「悟りを得た人」の漢訳名。羅漢の表情は、悟入の荘厳とともに美しさ、明るさをたたえ、一体一体異なる。表情の相違から、いつしか「死んだ人に似た羅漢様に会える」という信仰が発生する。

中里《なかざと》介山《かいざん》の未完の大著『大菩薩《だいぼさつ》

峠《とうげ》』には、「その千二百羅漢のうちには必ず自分の思う人に似た首がある。誰にも知られないように、その首を取って来て、密《ひそ》かに供養すると願い事が叶《かな》うという迷信から、近頃は頻《しき》りにあの羅漢様の首が無くなるという」とある。

また、その「安房《あわ》の国の巻」の巻頭に安房の国清澄山《きよすみやま》の茂太郎という奇童を登場させ、「まめまめしく働くうちに、庄屋のお嬢さんに可愛《かわい》がられ、お嬢さんの頼みで、鋸山は日本寺の千二百羅漢の首を盗んだばっかり、お嬢さんと引き分けられ……」とあり、やがて茂太郎は蛇使いとなり、長編の舞台回しの一役を演ずることになる。

羅漢山ともいわれた景観は、迷信もさることながら、明治の廃仏毀釈《はいぶつきしゃく》によって多くの首を失い、大正四年（一九一五）に一応の復活をしたものの、関東大震災で被害を受けた。現在は県指定名勝となっており、鉄柵で保護されている。

（森田　保）

かつて盛んだった房総の奉納相撲

徳川家康は、天正《てんしょう》十九年（一五九一）十一月に意富比《おおひ》神社（大神宮）に参拝すると、子ども相撲をご覧になり、寺領を五〇石寄進した。以来、奉納相撲の最初の一番は、子どもの取組になったという。

相撲は各種の民俗競技と同じく、神事のうち年占《としうら》と結び付いた。『日本書紀』の垂仁《すいにん》天皇七年七月七日の項で記される、野見宿禰《のみのすくね》と当麻蹶速《たいまのけはや》の相撲も七夕に関係がある。各地にある一人相撲を相舞《あいまい》というが、相舞とは相撲の古語である。

小林一茶《いっさ》『七番日記』の文化《ぶんか》七年（一八一〇）十月十七日の件《くだり》には、「……かとり野などいへる広野を過て、五郷内《ごごうち》村（現香取《かとり》市）樹林寺、夕顔観音に参り相撲見物」とある。「ケンカ相撲の呼び名も高いヨ　ここは船橋大神宮　十月二十日の大祭に江戸のころより伝わりし　奉納相撲の賑《にぎ》わいは……」との奉納相撲甚

意富比神社　住所／船橋市宮本5-2-1　交通／京成大神宮下駅から徒歩3分

房総の奉納相撲

句のとおり、毎年、例大祭日に執り行われる。

「相撲まち」（〈まち〉は祭りの房総《ぼうそう》方言）は市原市内にもあった。諏訪《すわ》神社の九月二十七日の例祭奉納相撲が二〇〇年以上の伝統をもち、外房と内房の東西対抗の内田場所は激しい取組が行われた。

また、香取市長岡の稲葉山神社も十月十七日の神事相撲で知られた。延宝《えんぽう》八年（一六八〇）には相撲場があったといわれ、明治末期、一時復興の時期もあったという。（森田　保）

平将門ゆかりの長者姫の伝説の寺はどこ？

平将門《まさかど》の伝説は、北は青森から南は九州まで約三〇〇の話が伝わっている。戦前までの歴史の授業では、将門は天皇に弓を引いた逆賊として教えられていたが、将門の人気は根強く続き、死後一〇五〇年たってもなお衰えることを知らない。

将門伝説で圧倒的に多いのは茨城と千葉。なかでも下総《しもうさ》に集中していて、利根川べりはことのほか多い。それは父良将《よしまさ》の生まれが佐倉、母が取手《とりで》、豊田・石《いし》下《げ》・守谷《もりや》が将門の本拠地だったからだろう。ここを本拠地としたのは、勢力を伸ばすために土地を開墾しなければならず、利根川沿岸（平安時代にはまだ利根川はなかったが）は開墾できる土地が多くあったためであろう。

佐倉は、父良将の領地であった。ここに将門町、将門山、将門神社があるということは、将門もここに住んでいた可能性が高い。彼は母のいた取手で生まれ育

観福寺境内

ったということになっているが、父の領地で過ごすこともあったと考えるのも自然である。

さて、佐原《さわら》に観福寺《かんぷくじ》がある。佐倉からここまで将門は馬を飛ばしたのか。いや、住んでいたので王宿《おやど》と呼んでいるという伝説がある。『利根川図志』にはここの長者の娘を寵愛《ちょうあい》して居城へ呼んだとあり、長者の館が観福寺近くの丘であったとも伝えられている。その女こそ桔梗《ききょう》の前《まえ》であるという。

観福寺は、長者姫伝説をしのぶにふさわしく、豊かな自然に囲まれている。

（青木更吉）

観福寺　住所／香取市牧野1752　交通／JR佐原駅から徒歩25分

「八幡の藪知らず」に立ち入ると祟られるってホント？

市川市八幡《やわた》に「八幡の藪《やぶ》知らず」と呼ばれる森がある。文化《ぶんか》七年（一八一〇）ごろ、土地の名主某が記した『葛飾《かつしか》誌略《しりやく》』には、「八幡不知森《しらずのもり》（＝八幡の藪知らず）。諸国に聞こえて名高き杜《もり》也。魔所也といふ。又、平将門《まさかど》の影人形、此所へ埋めてありともいふ」とあり、一夜《いちや》銀杏《いちょう》、馬蹄石《ばていせき》とともに八幡三不思議に挙げている。

『江戸名所図会《ずえ》』にも「同所（葛飾八幡《かつしかはちまん》）の石に沿いて一つの深林あり。方二十歩にすぎず……里老云ふ。人あやまちてこの中に入るときは必ず神の祟《たた》りありとて」と記され、続く文章で将門の伝説を結び付けているが、概して西下総《にししもうさ》の将門伝説は平将門に不利なのが多いようだ。

「藪知らず」自体は平安中期にまで遡るらしく、京の石清水《いわしみず》八幡宮から当地に勧《かん》

八幡の藪知らず　住所／市川市八幡2-8　交通／JR本八幡駅から徒歩5分、京成八幡駅から徒歩7分

八幡の薮知らず

請《じょう》の折、神輿《みこし》を据えた場所と伝え、今も昔も葛飾八幡宮が管理する禁足地だったのである。

畏怖《いふ》すべき神威は現代まで及び、葛飾八幡の社家では子どものころから、「薮しらずのことは、罰が当たるから決して他人に物語ってはならない」と、禁句にされた。昭和の初めのころ、あまりにも木がはびこったので植木屋に刈り込んでもらったことがあった。ところがしばらくして、この木を切った植木職人が突然の病で死んでしまった。以来、手を出す職人を求められず、現状のようなボサボサになっている。

現場は国道一四号線に面し、交通にも支障があるのだが、関係当局が手をこまねくのは、やはり祟りがあるといわれている千葉・猪鼻《いのはな》の七天王塚の樹木と同様である。

ご存じ、天下の副将軍・水戸黄門《こうもん》（徳川光圀《みつくに》）は江戸との往来の途中ここに立ち寄り、土地の禁を振り切ってこの薮に立ち入ったことがあった。すると白髪の老人が現れ、「里人さえも禁制《きんぜい》を守っているのになんだ、さっさと立ち去れ」と一喝され、慌てて出てきたといわれる。川柳の「八幡知る君は薮にも豪の者」というのはこのことを述べたらしい。

また「入ると出ず八幡八陣八文字」という一句がある。八陣は、中国から伝来した八種類の陣立て、孫子《そんし》や諸葛孔明《しょかつこうめい》のそれが知られており、これには容易に立ち向かうことはできない。また八文字は花魁《おいらん》道中の足さばきをいい、これまた、この世界にのめり込むと抜けられないことをたとえている。

（森田　保）

争いの種になるほどの盛り上がりを見せた佐原囃子

明和《めいわ》六年（一七六九）六月十一日、佐原祇園《さわらぎおん》祭の二日目のことだった。例年、本宿《ほんじゅく》と浜宿、仁井宿《にいじゅく》の各組で山車《だし》の巡行をめぐって争いとなるので、本宿の名主後見だった当時二四歳の伊能忠敬《いのうただたか》と浜宿の永沢治郎右衛門はそれぞれ分担してかってに山車を引き出さないよう説得に努めていた。

ところが午後三時ごろになって、浜宿、川岸の町内から賑《にぎ》やかな囃子《はやし》の音。「サンギリだ！　川岸の山車が出るぞ」と、若い衆が忠敬に注進する。忠敬は必死に本宿組をなだめ、治郎右衛門を義絶することで収めることができた。

佐原囃子は、天正《てんしょう》年間（一五七三〜九二）のころの田楽、散楽、神楽囃子に発し、享保《きょうほう》（一七一六〜三六）のころに江戸の音曲を受けて発達した。利根《とね》川《がわ》流域では東は銚子《ちょうし》、北は潮来《いたこ》、鹿島、江戸崎まで影響を与えた。

佐原囃子　©（公社）千葉県観光物産協会

囃子は、役物、段物、端物、俗曲、俚謡《りよう》で構成され、山車の出発には役物のサンギリ、馬鹿《ばか》囃子、花三番《はなさんば》が演奏された。山車の進行につれて、段物の巣籠《すごも》り、神田……、端物、新旧の俗曲、大漁節などとなり、目的地に着くと再び役物となった。

役物のうち、サンギリは「砂切り」が音便化したものらしく役物が砂を払って身を清めたことに由来したらしい。

関東一といわれた「八坂《やさか》七月　諏《す》訪《わ》さま九月」の祭りは、現在八坂神社が七月十日、十一日、十二日。諏

八坂神社　住所／香取市佐原イ3360　交通／JR佐原駅から徒歩15分

訪神社が十月十五日、十六日、十七日に行われ、役物、段物など旧例に準じ、芸座連により演奏されている。

その八坂神社境内には、江戸時代以来の石造物が奉献されており、水都佐原を支えた町衆の栄光をうかがうことができる。本殿の東側に水天宮が勧請《かんじょう》されたのは、鳥居、石灯籠《いしどうろう》に刻まれた紀年銘（明治二十二年）で推定される。鳥居には「佐原船仲間」とあり、水天宮の傍らには本殿前手水鉢《ちょうずばち》を奉納した人たちの連名碑「鳥居盥石《たらいいし》有志之碑」がある。

碑には東京方の下町団体二、個人六八人と佐原方団体五、個人六六人の名が連ねられ、最高額を出した「大船仲間」以下いずれも利根川の水運に関わる人々であった。

（森田　保）

諏訪神社　住所／香取市佐原イ1020　交通／JR佐原駅から徒歩5分

浦安のおしゃらく踊りってどんなもの？

時宗《じしゅう》の遊行僧《ゆぎょうそう》が広めた歌と踊りは、天保《てんぽう》年間（一八三〇～四四）にかけて口説節《くどきぶし》となって流行した。

念仏まがいということから「小念仏」というが、下総《しもうさ》中山の十月二十一日の「おこもり」、七月中旬の「北相馬大師」、六月二十一日からの「浦安大師」、五月十二日より江戸川右岸の「葛西《かさい》大師」などで盛んに踊られたものだ。

松戸・千駄堀《せんだぼり》、日暮《ひぐらし》、上本郷の保存会で伝承されているものは、上本郷・本福寺の念仏踊とともに踊られ、歌詞の一節に「浜は大漁で陸万作だよ」とあることから、「万作踊り」の名称で千葉県無形民俗文化財に指定されている。そのほか、地方によっては「中山節」「手踊り」「おいとこ節」「飴屋《あめや》踊り」というところもある。

「あれは新川地引きの娘　なるほどよい子だ　あのことそうなら　三年三月も水も汲《く》めます、なべも下げます」（新川地引き）

小念仏、中山踊り、万作踊り、飴屋踊りは、地域によって「お洒落踊り《しゃらく》」ともいう。幕末ごろから自作、自演で踊り、歌い継がれた。その全盛は大正から昭和初めごろ。総勢一五～一六人の一座が組まれ、短くとも二、三カ月、長くなると一、二年も関東、東北を巡業した。

この歌舞の原型は、江戸時代の念仏踊りとされている。その風流《ふうりゅう》化は、祝儀歌として高砂などがあり、木更津《きさらづ》、新川、白桝粉屋《しらますこなや》、細田、越後《えちご》評判のように芝居がかった演目を段物という。

「お洒落」の曲目は、三味線、鉦《かね》、太鼓の囃子方《はやしかた》が伴奏するが、これら下座は師匠格の男性が受け持つ。三味線は一、二名、摺鉦《すりがね》一名、歌うたい一、二名、太鼓は歌い手が歌いながら分担し、人形を背負ったり、日傘を持って踊る。

歌は文句が短くても長く伸ばして歌うため、三味線、太鼓は高音が出ないように仕掛けがしてある。

踊りの衣装は色模様の派手なもので、しごき帯を締めて片肌脱ぎ、裾《すそ》を高くはしょる。女役は赤、ピンクの腰巻をのぞかせ、手ぬぐいを鉢巻かえりに掛け、ひょうきんに踊るのが身上である。言葉どおり「しゃれて踊る」のである。

下総では小念仏系の歌舞が多い。一方、中山踊りは中山法華経《ほけきょう》寺で踊られたからその名が付いたという。また、浦安お洒落は昭和四十九年（一九七四）、千葉県無形文化財に指定されている。

（森田　保）

豊作を占う神事「おびしゃ」とは?

昭和五十九年(一九八四)に刊行された『房総《ぼうそう》の祭事』には、おびしゃ、流鏑馬《やぶさめ》、神占《しんせん》の記述が見える。日本の祭事の多くは、稲作に関係が深い。正月には歳神《としがみ》を迎えて、作柄とそれを決める天候を占う「おびしゃ」行事が小正月に行われた。

歳神は作神《さくがみ》とされ、歳神の「歳」は米の意とされており、農耕神、先祖の霊とも目され、老人の姿と見る。

房総のおびしゃは「御歩射」が語源で、騎射(流鏑馬)に対するものであり、馬は使わない。漢字では奉射、備射などが当てられて、神事そのものを指す。毘舎、毘沙の文字が当てられることもあり、神仏混淆《しんぶつこんこう》の名残といわれている。

県内では、利根川《とねがわ》沿いの旧東葛《とうかつ》、印旛《いんば》、香取《かとり》、九十九里海岸沿いの山武《さんぶ》、長生《ちょうせい》郡に多い。『房総の祭事』では六社大神（旧野栄町、現匝瑳市）、稲荷神社（東庄《しょう》町）、大宮神社（市原市五井）、日枝神社（旧三芳村、現南房総市）、関戸大神（旧干潟《ひかた》町、現旭《あさひ》市）、側高《そばたか》神社（旧佐原《さわら》市大倉、現香取市）、駒形大神社（市川市大野）の八例が紹介されている。

このような年占いは、節分、五月、盆、十五夜に行われるところもある。

南房総市増間《ますま》の日枝神社では、毎年三月一日、稲作の豊凶などを占う弓射（おびしゃ）の儀礼が行われる。古式にしたがった的張りから始まるが、重籐《しげどう》の弓二張りと、二つの矢立てに一二本の矢が準備され、二人の射手は的から約四三メートル離れた鳥居のそばの定位置に立って交互に射る。矢は、早生《わせ》、中生《なかて》、晩生《おくて》の三回に分けておのおの一二本ずつ射るので、延べ三六本を射る。矢の当たり具合をそのつど記録係が記し、最後に神前で報告の後、年間の天候、適種、豊凶などを占う。

（森田　保）

日枝神社　住所／南房総市増間552　交通／JR館山駅からバス大畑下車、徒歩30分

第 5 章　産業編

小湊鉄道

葛飾早稲の産地はどこなのか？

一般的に、稲作の始まりは弥生《やよい》時代といわれてきたが、北九州地方の縄文晩期の遺跡から炭化籾《もみ》や籾殻が付着した土器が発見されていることから、縄文晩期には西日本の一部ですでに行われていたと考えられるようになっている。

弥生の遺跡は市川、船橋に多く、柏にも市指定の宮根遺跡がある。千葉県での弥生時代は約五〇〇年と短い間だったが、丘陵地が浸食された谷状の地形を利用した水田が営まれた。

稲の存在が確認できる県内の遺跡には佐倉市天神前遺跡があり、出土の壷型土器の器面には籾殻痕が付いていた。この土器は弥生時代中期前半のものと位置づけられている。やがて奈良時代になると、国府台《こうのだい》の台地下では海水が退いて集落ができはじめた。『下総《しもうさ》国葛飾《かつしか》郡大嶋《おおしま》郷戸籍』はその証拠である。

天神前遺跡　住所／佐倉市岩名地内　交通／JR佐倉駅から徒歩約10分

『万葉集』巻一四には「におどりの葛飾早稲《わせ》を饗《にえ》すとも　その愛《かな》しきを外《と》にたてめやも」の歌があり、早稲種で知られた銘柄米の存在がうかがわれる。

歌の意味は「葛飾早稲を神に奉る新嘗《にいなめ》の夜で愛しき人を表に立たせることはしない」という心情を述べたもので、「におどり」はカイツブリという水鳥が水に潜る（かづく）ことから葛飾の枕詞《まくらことば》とされた。

　この歌は、万葉の時代以前に市川市真間《まま》に住んでいたとされる手児奈《てこな》という名の女性をしのぶ一群のなかにあり、『万葉集』の編者は手児奈伝説と結び付けていたことは明らかだった。しかし、

野田八幡前遺跡に建つ葛飾早稲の碑

野田八幡前遺跡（中根八幡前遺跡内）　住所／野田市中根150　交通／東武野田市駅から徒歩約8分

葛飾早稲の産地を真間ではなく、埼玉県の早稲田村（現三郷《みさと》市）や、古代の茂侶《もろ》郷の一部である八木三輪山を中心とする流山から野田の低地地帯ではないかという説もあり、野田八幡前遺跡と茂侶神社境内に葛飾早稲の碑が建立されている。

万葉地理学の故今井福次郎氏は葛飾早稲について「流山付近と国府の台地下に求めるのが穏当であろう。しかし、その一点を、現存の一首から指示することは難事中の難事というべきである」と述べている。

ちなみに、古代米は類似品種から原種を探ることができ、すでに再生古代米は三〇種以上が固定されている。

（森田　保）

茂侶神社　住所／流山市三輪野山620　交通／JR・つくばエクスプレス南流山駅からバス三輪茂侶神社前下車、すぐ

江戸時代、舟に乗って成田山に参詣できた!?

内陸の成田に河岸があったというとけげんに思われるかもしれないが、成田山新勝寺《しんしょうじ》の門前町の東隣の寺台には河岸があった。

成田山参詣の際、佐倉街道経由を表口とするならば、下総《しもうさ》東部からの信者が使った滑川《なめがわ》の源太河岸～荒海～押畑《おしはた》を経由して、土屋に至る三里十六町に沿う根木《ねこ》名川《ながわ》を遡上《そじょう》し、新妻経由で寺台に上陸するルートは裏道に相当した。

現在は、下流域にあった長沼も干拓されてしまったが、明治初年までは、根木名川も中流では川幅約一〇メートル、水深も二メートルはあり、伝馬船ならば十分航行可能だった。

寺台河岸は左岸の下河岸、山小河岸、黒川河岸の総称で、旅人の受け入れのほか、米などの穀類や竹木、薪炭などを津出しした。特に下河岸は根木名川と取香《とっこう》

成田山新勝寺　P32参照

成田山新勝寺仁王門と参道

川《がわ》の合流点にあり、安政《あんせい》五年（一八五八）の新勝寺本堂建立の用材搬入はこの河岸から揚げられた。

河岸のある寺台村は、香取鹿島道における伝馬継立《つぎたて》の宿場の一つで二三カ村の助郷《すけごう》を擁《よう》し、本陣、脇本陣、旅籠《はたご》が軒を連ね、中山道に残る馬籠《まごめ》宿や海野《うんの》宿のような雰囲気があったであろう。

しかし、元禄《げんろく》、天保《てんぽう》の大火に遭い、さらに隣村の成田村が成田山の門前町として盛んになり、旅客もそちらに取られるようになった。困った寺台村では天保十三年（一八四二）、成田村の賃取馬、駕籠《かご》の一切禁止を求めて訴えたが、弘化《こうか》三年（一八四六）、両村で人馬継立を半月交替制で行う妥協案で決着している。

家数は文化《ぶんか》五年（一八〇八）の宗門人別帳では四二軒、三〇年後の『成田組合諸商渡世向取調帳』でも同軒数で、うち一五軒が居酒屋、煮売屋、穀屋、瀬戸物屋、髪結、菓子屋、煙草屋、下駄屋であり、四〇軒は村内にある永興寺《ようこうじ》の檀家《だんか》だった。同寺は、元禄十五年（一七〇二）の大火で七堂伽藍《しちどうがらん》を焼失してしまい、寛《かん》延《えん》年間（一七四八～五一）に小野派一刀流の武芸者小野次郎右衛門忠喜《ただよし》によって再建されたという。

（森田　保）

永興寺　住所／成田市寺台560　交通／JR・京成成田駅から徒歩15分

江戸で三文花といわれたのは?

蝦夷地《えぞち》周辺で異国船接近を知らされた江戸幕府老中の松平定信《さだのぶ》は、寛政《かんせい》四年(一七九二)十一月に陸路で輿《こし》を担がせて房州を巡見した。『狗日記《いぬにっき》』には、「……保田《ほた》といふあたりより、水仙いとおほく咲きたり。那古《なご》寺《じ》にやすらうころ、日も入りて……」と記している。

元名《もとな》水仙は鋸南《きょなん》(鋸南町)の旧地名の元名にちなんだもの。当時、江戸へ出荷される水仙は、オショクリのような特急船ではなく、房州通いの荷船で運ばれたのであろう。江戸時代の風俗を知るのに便利な随筆『守貞漫稿《もりさだまんこう》』(喜多川守貞著、嘉永《かえい》六年〈一八五三〉完成)には「三都ともに花売りには男子多く、又稀《まれ》には老婆もあり……」とあり、一束にくって三文花《さんもん》という安い花の代表だったようだ。

保田では異名の金盞銀台《きんせんぎんだい》からギンダイともいっていたという。ヒガンバナ科なのでニンニクのような鱗片《りんぺん》で分化する。日本古来の水仙は、白色単弁から重弁種だが、現在の品種は多く、登録されたものでも一万以上あるという。

旧千歳村《ちとせ》（現南房総市《みなみぼうそう》）にあった黄房《おうぼう》水仙は大正十四年（一九二五）にサミュエル商会から輸入して、真野（現南房総市）や瀬戸（同）が特産地だったが、球根が土地に適応しなかったためか絶えてしまった。

水仙は『和漢三才図会《わかんさんさいずえ》』に「その根、薬となす」とあるように民間薬として知られ、水仙の鱗茎《りんけい》を潰《つぶ》して糊《のり》状にすると、接着剤として使えるほど粘りがあり、紙や布に伸ばして貼ると炎症の治療によいといわれている。

開花期も種類によって初冬から晩春まで楽しめるが、県内ではマザー牧場（富津《ふっつ》市）の梅園付近で約二万株が群生し、二月中旬まで観賞できる。南房総市では約二キロメートルの水仙街道沿いに観賞用のものが見られる。

元名水仙の古巣、鋸南町では江月《えづき》水仙ロードの約三キロメートルの道沿いが見せ場になっている。また、同町にある〝をくずれ水仙郷〟（保田駅からバス）では、約六〇〇〇万個の殖裁球根を誇る。


（森田　保）

をくずれ水仙郷　住所／安房郡鋸南町保田地内　交通／JR保田駅からバス大崩もしくは佐久間ダム入口下車、すぐ

手賀沼周辺三六カ村が参加した張切網は何を獲った？

『利根川図志《とねがわずし》』には、手賀沼《てがぬま》の産物の筆頭として水鳥を書いている。水鳥の種類は鴨《かも》（「図志」には鳬《かも》の字）などがでている。水鳥は張切網《はりきりあみ》で捕える。張切網は何本もの竿《さお》を湖面に立て、その間に網を張って、着水する水鳥を捕える。

一人の受け持ちは張切網二〇段。網一段の幅は、大人が手を広げた長さの一九倍ほどで、高さは二倍である。猟の時は、それぞれ持ち場がある。水鳥が沼に集まると、布瀬《ふぜ》村（現柏市布瀬）の人々は、ボタ縄を沼面に流していく。

ボタ縄猟は布瀬村で開発された猟法である。茅《かや》が茂って硬くなる前の葉を釜でゆでて繊維だけにし、細い縄にする。乾燥した縄はモチノキの樹液を塗っても水に浮く。猟師は樹液を塗った縄を舟上から沼に張っていく。カモが縄に触れると樹液がつき、縄から離れることができない。ほかのカモが驚いて飛び立てば張切

手賀沼　P98参照

網にかかるという仕掛けだった。

手賀沼の猟鳥は、カモ、シギ、バン、クイナで、そのうちカモが最も多かった。カモはマガモ、カルガモ、オカヨシガモ、ハシビロガモなど、シギはタシギなどであった。猟期は、旧暦の九月下旬から二月上旬で、場所は鳥の多い布瀬村付近の下沼（上沼は呼塚《よばつか》、根戸《ねど》、戸張《とばり》などの村）である。周辺の三六カ村の人たちは、場所、狩猟期間、狩猟日数を決めていて獲りすぎないよう自己規制していた。猟に行くのは晴れた夜。布瀬村の人々の合図で出かけた。

カモは日本橋や千住の商人が買いにきた。

（相原正義）

クジラの墓をつくった房総の人々

房総《ぼうそう》のクジラ類の漁は、すでに縄文時代早期末からの歴史がある。その一例が館山市・稲原貝塚から発見されたハクジラ類のイルカの頭骨で、これには黒曜石の石器が突き刺さったままであった。

文献となると、慶長《けいちょう》十七年（一六一二）、里見家から伊勢《いせ》神宮の御師《おし》・板倉長兵衛に毎年、初物のクジラの皮を献上した記録がある。

江戸時代、紀州《きしゅう》から土佐《とさ》、九州西北の西海地方は捕鯨が盛んで、その証《あかし》が鯨墓。また、捕鯨が行われなくてもクジラが漂着した浦々に鯨塚などが存在している。これらは、人と同じく過去帳に戒名を記し、位牌《いはい》を残す例もある。この種のものを記念物として総括した吉原友勇氏の『鯨の墓』によると、現存する古いものでは寛文《かんぶん》十一年（一六七一）から元禄《げんろく》九年（一六九六）にかけてのものがあり、明

勝山弁財天　住所／安房郡鋸南町勝山地内　交通／JR安房勝山駅から徒歩約15分

治以降に建てられた例もある。

論文が東京水産大学（現東京海洋大学）論集に発表（昭和五十二年）された当時の総数は五四例。そのうち、千葉県では勝山の鯨墓、白浜の親鯨の頭骨と胎児を埋めた無銘墓、浦安の鯨供養塔（現存しない）の内容が紹介されている。

勝山湾正面。クジラ道という海面に毎年ツチクジラがやってきたのは六月から七月のころ。水深六〇〇メートル内外の東京湾海底谷にいる底魚を飽食するためだった。ここ勝山の捕鯨は、十七世紀の中ごろから醍醐《だいご》新兵衛定明が元締めになって、鯨組を組織。一二代にわたって手投げ銛《もり》の突き取りで終始した。勝山の弁財天には、醍醐家が寄進した鯨供養の祠《ほこら》と、これを囲むように数十基の祠《ほこら》が林立している。

これらの祠は、クジラ解体を専門にした出刃組の漁師が浜の砂を血で染めたツチクジラのため毎年一基ずつ献上したものという。

毎年七月、勝山では浮島神社と加知山《かちやま》神社の祭礼が行われ、浮島海渡神事の際には、

加知山神社　住所／安房郡鋸南町勝山319　交通／JR安房勝山駅から徒歩3分

♪こんど突いたも内宿組よナアエア　ヤアレ親もとるとる子もとるよ　沖のかもめにもの問えばツチは来る来る　明日も来る　サァ突いたかしょ　突いたかしょ

という内容の鯨歌が歌われる。

鯨歌は、大漁節の勇壮とはほど遠い。かいで地面を突きながら、ゆったりとしたテンポで歌われる。その哀調は、親子クジラも捕殺せざるをえなかった漁民の、クジラへ捧《ささ》げる鎮魂の表れだった。

（森田　保）

上総のガス田の貴重な副産物とは？

旧ソ連のチェルノブイリ原子力発電所事故では、周辺への甚大な放射線汚染が甲状腺ガンの発生をもたらした。日本原子力安全委員会被ばく医療分科委員会では、放射線障害軽減のため、ヨウ素剤の予防服用基準案がまとめられた。

これによると事故直後、新生児一二・五ミリグラム、一カ月〜三歳未満は二五ミリグラム、三歳〜一三歳未満五〇ミリグラム、一三歳〜四〇歳未満が一〇〇ミリグラム服用すれば甲状腺の機能低下症は九〇パーセント抑制できるという。

原子番号五三、ヨウ素の発見は比較的新しいが、この欠乏は甲状腺腫をもたらす原因となっている。

明治六年（一八七三）にアメリカ人、T・マンセルは北海道のコンブからヨウ素を抽出、上総《かずさ》の森為吉も触発されて海藻を焼いて粗原料生産に乗り出している。

また、天然ガスの鹹水中《かんすいちゅう》にも単体として溶解しており、千葉県のヨード資源は埋蔵量五〇〇万トン以上という世界最大を誇り、千葉県は世界の生産量の約三割を占める主要な産地である。

天然ガスは、慶長《けいちょう》元年（一五九六）大多喜《おおたき》地区で発見されたというが記録文献はなく、『茂原《もばら》町誌』には明治十七〜十八年（一八八四〜八五）ごろ、茂原・毛無塚で安川寛三郎が水田に井戸を掘ったところ塩水に近い茶褐色の水が噴出し、これを「醬油水」、「泡水」と呼んでいたという。

企業化を試みたのは鉱山技師・板垣恭太郎で、県に働きかけたが応諾を得られず、上永吉の眼科医・千葉弥次馬《やじま》に援助を求めた。明治四十一年（一九〇八）九月十二日、千葉家邸内で鑿井《さくせい》を開始し、ガスは翌年三月三日噴出した。

ガスは自宅の燃料、病室の灯火に使われたが、小学校、役場にも配管している。ガス事業は組合化され昭和六年（一九三一）、大多喜天然ガス株式会社が設立され、四年後には大多喜と茂原にガスを供給し、平成十七年（二〇〇五）の時点で、天然ガス生産量は全国第二位を誇る。

（森田　保）

イセエビが豊富な外房の海

イセエビ漁に使われた網について、文献では松江重頼《しげより》の『毛吹草《けふきぐさ》』（一六三八）に見られる。また、享保《きょうほう》五年（一七二〇）の「安房《あわ》国和田浦文書」は、「一、漁船二十一隻内一隻　長四間二尺　横五尺二寸　船主勘右衛門是レハ以前ヨリ有来候船ニテ御座候猟事ハ海老網鰍《かじか》網スズキ網大ウオ網総而カケアミ猟事仕候」と記している。

イセエビは、黒潮が流れる日本列島東南部中心に分布する日本固有種で、江戸時代の『本朝食鑑《ほんちょうしょっかん》』のエビのくだりには、「――賀寿饗宴の嘉餞《かせん》となすなり。正月元旦門戸に松竹を立て、上に、煮て紅くなった海老や柚子《ゆず》柿の類を懸け――」と書かれており、江戸の祝儀には欠かせなかった。

体長は一八～二五センチメートル、大きいのは三〇センチメートルに及ぶ。南《みなみ》

いすみ市で獲れたイセエビ　©（公社）千葉県観光物産協会

房総《ぼうそう》市の沿岸部でのイセエビ産卵期は五月〜九月、旬《しゅん》は七月〜八月である。

勝浦のエビ網は、縦が四〜五尺（約一二一・二〜一五一・五センチメートル）、網目が二〜三寸（六・〇六〜九・〇九センチメートル）の磯建網《いそだてあみ》を使う。

小型船を使い日没前に岩礁の海底に数筋、並列するようにしてイセエビの通る路を遮断することで、網目に絡まして日の出前に揚網して漁獲した。昔から老人による操業が中心だったというが、千葉県のイセエビは全国三位（平成二十三年）の生産高を上げている。

いすみ市に属する大原町地先で多獲され、『外房《そとぼう》における漁具・漁法とその習俗』（千葉県教育委員会・一九八四年）によると、「昭和初期のエビ網では八月〜九月には一日二〇〜三〇貫（七五〜一一〇キログラム）獲っていた。また昭和四十九年〜五十七年の大原港におけるイセエビの年間水揚量は、ほぼ、二〇トン前後である」と記す。

銚子《ちょうし》・名洗《なあらい》港が犬若港といったころ、沖に「海老」と「沖の海老」という二つの島があった。いずれもイセエビの生息地ゆえの命名だったが、昭和四十年（一九六五）に名洗港が避難港として整備することになり、「海老島」は破砕、「沖の海老島」は北防波堤の下に埋もれてしまった。

（森田　保）

利根川四ツ手網稚アユ漁はなぜ消えた

利根川の銚子河口から稚アユが遡ってくる。それは四～五月のことで、大きさは五センチほどになっている。その稚アユは群れをなして泳いでくると、スイカのような甘い香りが立つ。アユが香魚といわれるゆえんである。

遡ってくる稚アユを仕掛けておいた四ツ手網で捕る。四ツ手網というのは、「待ち」の漁法だ。川底へ網を下ろしておいて、五分ごとに引き揚げる。獲物は小さいので網目も細かいから、網が大きいと重くなって始末におえない。だから、網の大きさはせいぜい五メートル四方くらい。それでも人力ではなく、ワイヤーロープを付けて、巻き上げ機で揚げる。そのために昼間だけの漁ではあるが、小屋がけしていて一日中網を揚げる。

四ツ手網は「待ち」の漁法といっても、それなりの手だてはする。まず、川底を平らにしておかなければならない。流れの速さを和らげアユを誘い込むように上流に一五、六本の杭を打ち込んで、笹《ささ》を絡ませておく。こうしておいて、四ツ手網を下ろすのだ。

この四ツ手網漁は、利根大堰《とねおおぜき》の少し上流の埼玉と群馬。ここで稚アユを捕っていた人が三〇人以上もいた。が、昭和四十三年（一九六八）に利根大堰が完成すると、稚アユは遡上《そじょう》しなくなってしまった。その前から、東京オリンピックの建築ラッシュで上流の砂利を取ったのも原因しているが、堰でとどめを刺されたようだ。もちろん、堰には魚道もついてはいるのだが。

江戸川の松戸付近では現在でも稚アユを張り網（地獄網）で捕っている。これは網を張ったままにしておける。そばにいなくてもいい。能率よく稚アユが捕れるようになった。捕った稚アユは各地の河川に放流されている。

（青木更吉）

千葉が漁獲量日本一を誇る魚とは？

東京湾が主な漁場のスズキの産額は約二〇〇〇トンで、千葉県が日本一。稚魚をコッパ、一年ものをセイゴ、二〜三年ものをフッコ、三〇センチメートル以上になったものをスズキといい、成長にしたがって名を変えるので出世魚となった。東京湾では、産卵スズキをハラブトともいう。最大一メートルに及び、この魚が針に掛かると、頭を水面に出して、振り動かして釣り針をはずそうという習性があり、これを東京湾では「鰓《えら》洗い」という。スズキの古名をスヂユキ（筋雪）といい、その身が涼しく清らかなのでスズキになった。

文献では、「晩夏の候河川に遡上《そじょう》し淡湖水の混和する水域に棲《す》み、秋極めて美味、漢土に於いては呉《ご》の松江《しょうこう》の産天下の珍とす」とあり、盛夏の折は、内湾の瀬につき体力をつけるので、釣り人は赤エビを生餌《いきえ》で夜釣りをした。一本釣りでは

県内で水揚げされたスズキ

名人でも多穫不能なのだが、大型のものを数本上げればアライに向く高級魚なので採算がとれたという。

富津《ふっつ》では、昔の六人網を起源にもつ巻網漁も行われ、神奈川県側では、朝夕のまずめの時を狙った曳《ひ》き釣漁が操業された。

市川で没した文豪幸田露伴《こうだろはん》には、晩年の傑作に『幻談』があるが、スズキに夢中になり、利根川の夜釣りの興を、

「脈鈴は未だ鳴らずて　気は沈む　闇の水底、大利根の　秋の夜を釣る　釣綸《つりいと》の長きおもひや（脈鈴とは鯨のひげの先に鈴の着き居るものにて）」

と、注つきの書簡を親友の賀古鶴所《かこつると》あてに認《したた》めている。（森田　保）

幸田露伴（一八六七—一九四七）は本名成行《しげゆき》。蝸牛庵《かぎゅうあん》などの別号がある。江戸幕府のお坊主衆の家に生まれたが母方の祖母、芳は久留里藩士鈴木家の出。中編の『五重塔』が文名を定着させた。

幻に終わった下総の牧羊業

江戸時代、佐倉七牧の一つだった取香牧《とっこうまき》を二分して取香種畜場、内務省勧業牧羊場としたのが、明治八年（一八七五）のこと。種畜場産出の牛馬は各府県に払い下げられ、明治十三年には両場が一緒になって下総《しもうさ》種畜場となり、同二十一年には宮内省主馬寮《しゅめりょう》に移管されて下総御料牧場となっている。

明治の元勲、大久保利通は、新政府のお雇い外国人であるル・ジャンドルから「軍隊には毛布が必要である。輸入よりも自給を考えるべきだ」の助言を得、さっそく西郷隆盛の義弟の岩山壮八郎を牧羊開業の長官に任命した。さらに横浜からアップ・ジョーンズと助手を雇い、牧羊の候補地を探させたのである。

佐倉牧の一部の買収を斡旋《あっせん》したのは、千葉県令柴原和《やわら》で、その全域は六区からなり、旧十倉《とくら》村両国（現富里市）の牧羊場に事務所を設けた。緬羊《めんよう》は明治九年に

富里牧羊場跡　住所／富里市十倉字両国沖1322　交通／京成成田駅からバス両国下車、徒歩3分

下総御料牧場（現成田市）で行われていた羊の放牧

一三四五頭、十四年には六二七八頭が輸入され、アップ・ジョーンズの計算では、毎年一万頭の子羊生産を見込んでいた。

さらに、これを各地で繁殖させるのには、牧羊の技術者が必要である。そこで明治政府は、牧羊生徒を募集し、生徒には徴兵免除の特典まで与えた。応募した生徒は全国から五七名。明治九年四月に下総入りをしている。

明治十二年八月二十九日、アップ・ジョーンズと助手は十倉村高瀬の宿舎で強盗に襲われる。この事件と羊の伝染病などで、合弁の牧羊事業は一万一三三九頭の生産にとどまった。ただ、牧羊生徒への実地教育が「速成獣医心得」として結実。以降、その伝統が多くの獣医を育てることになった。

大久保利通の先進的計画に対し、牧羊場跡に記念碑が建立され、三里塚の記念公園には「獣医学実地教育記念碑」がある。

日本の牧羊業は、昭和になって再び軍事目的のため国内自給が求められ、第二次世界大戦中、家畜が激減するなかで飼育数が増え、昭和三十二年（一九五七）には一〇〇万頭に達している。しかし明治期の失敗と同じく、気候条件から羊毛生産に適さず、わずかに食肉用の羊が北海道、東北地方で生産されているにすぎない。

（森田　保）

渡辺崋山が乗った船――江戸小網町から行徳までの船賃いくら？

文政《ぶんせい》八年（一八二五）六月二十九日。田原《たはら》藩の渡辺崋山《かざん》ら一行三人は早朝六時、知人に送られ家を出た。崋山は、病後の療養を兼ねて気散じを勧められ、香取《かとり》、鹿島方面へ小旅行に出かけたのだった。

千住、新宿《にいじゅく》、八幡《やわた》、船橋、大和田経由の佐倉道に比べ、行徳《ぎょうとく》船ならば中川番所の旅人改めが厳しくなく、裏街道のほうが庶民向けであった。

行徳河岸は小網町三丁目にある。朝の日本橋界隈はすでに喧噪《けんそう》を極めていたろう。船宿で川船―行徳船を雇う。「游総図《ゆうそうず》」覚書に「船賃五百文」と記し、右に小さく「かり切り壱人にて八六十四文」の記事は、乗り合い一人の料金らしい。

朝は曇っていたが行徳新河岸に着くころは晴れて蒸し暑く、下船してただちに行徳大坂屋で昼食をしたためた。代価八百文。

この年、崋山は三三歳。晩婚だった彼は、二年前に田原藩の和田伝の娘たか（一七歳）を娶《めと》った。吉事の翌年、父定道没。家督を相続して八〇石を給せられ、藩政への参画が間近いことが予想されていた。しかし、家計は、老母を抱えたうえ親類の居候などあって厳しく、崋山自身体調をくずしていた。

この時期香取、鹿島への旅は、気分転換にことよせながら、今後田原藩の政策課題となるであろう海防の配慮であったかもしれない。

旅の覚書と写生図は、はじめ冊子型の帖《じょう》だったか、巻紙形式だったか不明である。明治中ごろ巻子本《かんすぼん》四巻に改装された際、第二巻巻頭の旅程の略図中に武蔵《むさし》、下総《しもうさ》、上総《かずさ》、常陸《ひたち》の地名があるところから『四州真景図巻』となったらしい。

崋山は蛮社《ばんしゃ》の獄《ごく》に連座後、田原幽居となる。『守困日歴』の天保《てんぽう》十一年（一八四〇）七月二十三日のくだりに「海総図着色」の記事が見え、自身は「游総図」と称していたようだ。

現状四巻本の第一巻は、江戸から銚子《ちょうし》までの備忘録、白描の「葛飾八幡《かつしかはちまん》」など五図が挿入されている。

（森田　保）

高瀬舟は米何俵積めたのか？

江戸への廻米《かいまい》は仙台藩が最も多く、北上川河口の石巻《いしのまき》が積出港であった。米を満載した千石船の多くは、秋から冬にかけ、北西の季節風に逆らい江戸に向かった。

江戸への海路は、はじめ、遭難の多い房総《ぼうそう》半島野島崎を経由して江戸湾に入っていたが、利根川東遷《とねがわとうせん》（一六五四年）以降、銚子《ちょうし》に荷揚げされた。米は、銚子で高瀬舟に積み替えられ、利根川、江戸川を通って江戸の蔵前に入った。

赤松宗旦《そうたん》は『利根川図志』の総論に続く「運輸《うんしゅ》」において、「利根川に在りては、専航船《もはらたかせぶね》を用う。……米五六百俵（毎俵四斗二升）を積む者常なり。舟子四人を以てす。その大なる者は八九百俵を積む。舟子六人を以てす。百俵積以下をバウテウといふ。急事の備《そなえ》なり。舟子一人を以てす」と記し、『三代実録』などの諸書により考証を加えている。

江戸時代、一般的だった牛馬による輸送が一駄四〇貫（約一五〇キログラム）だから、米で二俵。これに馬方、牛方を要した。

物流における高瀬舟の経済性は高く、『利根川百年史』によると、利根川下流で就航していた大型高瀬舟は船長一五・六メートル、船幅三メートル、深さ一メートル級で米を一二〇〇俵積んだという。

その運賃差は、利根川下流右岸・下総《しもうさ》布施河岸（現柏市）から江戸川沿いの加《か》村・流山河岸（現流山市）まで関宿《せきやど》をバイパスする陸路一二キロメートルの運賃が商人米一駄につき口銭とも一七四文だったのに対し、加村から江戸まで約三二キロメートルの船賃は一駄に付き倉敷料込みで一二六文だったという。

しかし、このクラスの高瀬舟は利根川下流霞《かすみ》ケ浦《がうら》、北浦が航行区域であり、喫水の関係から下流で一〇〇〇俵、上流と下流の接点である埼玉県榛沢《はんざわ》郡中瀬河岸（現深谷市中瀬）で五〇〇俵、利根川船運の最終点である倉賀野《くらがの》河岸（現高崎市倉賀野町）で三〇〇俵積みに積み替える規定があった。

（森田　保）

野田の醤油――江戸川の風土が生んだ産業

長塚節《たかし》の小説『土』の主人公、勘次《かんじ》の義父卯平《うへい》は野田の醤油蔵《しょうゆぐら》の火の番に雇われ、夜は蔵々の間を拍子木を叩《たた》いて歩いていた。

野田の醤油は、室町末期の永禄《えいろく》年間（一五五八～七〇）に飯田市郎兵衛家の先祖が醤《ひしお》の豆油を採り、これを澄ませた味噌《みそ》の溜《たま》り液のようなものを甲斐《かい》の武田家に納めたところ大いに人気を博し、川中島御用溜醤油と名付けられた。

寛永《かんえい》のころ（一六二四～四四）、江戸川が開削されると、原料の大豆、塩の搬入、製品の出荷、さらに江戸川の水が仕込み用に利用され、江戸から薄口の下り醤油を駆逐《くちく》して江戸人の好みを濃い口に変えてしまった。

野田醤油以前の亀甲万《きっこうまん》、上十《じょうじゅう》、木白《きはく》などの醤油は、各蔵から江戸川の河岸へ大八車で運んでいたが、せいぜい一斗樽《だる》（一八リットル）七本くらいしか積めな

キッコーマン野田工場内に移築された御用蔵　©（公社）千葉県観光物産協会

かった。

やがて、馬車に代わり、次いで明治末年、町内の醸造家らの出資によって野田人車鉄道ができた。

人車というと体裁はいいが、実体はトロッコにすぎない。その軌道は河岸から江戸川通り、さくら通りを経て柏屋まで敷設されていた。

河岸には最盛期、大小一〇〇隻以上の船が出入りし、醤油輸送のかたわら、東京へ食事付き一人一二銭で旅客も扱った。

江戸川の船便がなくなるのは、

御用蔵　住所／野田市野田110　交通／東武野田市駅から徒歩3分

昭和十八年（一九四三）八月にコンクリートの野田橋が完成してからで、何軒もあった回漕店も合併してトラック輸送に切り替わった。

今、下河岸（仁左衛門河岸）には、ここを一手に仕切った桝田《ますだ》家の二階屋だけが残っており、かつてをしのぶよすがになっている。

桝田家を出て堤防沿いに川上に行くと、上河岸跡の手前、堤防下に城郭風の建物があった。これは、宮内庁に納入の醤油を生産する醤油蔵で、御用蔵と呼ばれていた。白壁コンクリート造りの蔵は城郭を模して昭和十四年に竣工《しゅんこう》した。

その後七〇年の時を経て補修工事が必要となり、平成二十三年（二〇一一）にキッコーマン野田工場内に移築された。蔵内では現在も宮内庁に納める醤油が仕込まれており、一般の人たちも蔵内を見学できる。

（新羅愛子）

桝田家住宅　住所／野田市今上2574-1　交通／東武野田市駅から徒歩約20分

小説『花』の舞台となった南房総

田宮虎彦《とらひこ》の小説『花』のモデルは和田町真浦《もうら》(現南房総市)の川名りんだった。和田町の花生産は、大正時代、薬局を経営していた間宮七郎平《まみやしちろうべい》によって推進され、戦前すでに大生産地となっていた。

「はまが善兵衛東畑の農道ぞいの南の隅に金盞花《きんせんか》をはじめてつくったのは、五十次が佐倉の連隊から除隊した年の秋だった。その年が大正十三年でその日が彼岸明けて三日目の九月二九日であったということをはっきり覚えている」

当時、間宮自身、「男が花ばさみを持つのか」と親からだけでなく、村人からも反対されたものだった。時代はやがて日中戦争から太平洋戦争となる。戦争が拡大するにつれ、花の生産は制限され、花を栽培する者は非国民扱いされた。

『花』の主人公ハマは周囲の冷たい目にも負けず、アイリスの球根や金盞花の種を、ハマが建てた地蔵堂に囲っておいた。召集された夫の五十次は南方で死に、息子の勇一もラバウル沖で戦死した。

昭和二十年（一九四五）八月十五日、終戦の放送を聴いたハマは善兵衛山の地蔵堂から花の種を取り出し胸に抱き締め、「勇一、おれは花をつくるだ」と誓い、ハマのうしろには勇一の婚約者、隣家の娘スギがたたずんでおり、気付いたハマの頬《ほほ》に地蔵菩薩《じぞうぼさつ》のようなほほ笑みが浮かんでいた、というくだりで締めくくられている。

田宮虎彦は、昭和二十八年に初めて来房し、「太海《ふとみ》を出た汽車が、トンネルひとつくぐりぬけると、車窓の両側に、美しい春の花園がつづきはじめるのだ。黄、白、赤、青、色さまざまな花畑が、緑の畑と市松模様を織っている。そこは太海村天面《あまつら》の部落だ。その天面から、江見町、和田町、南三原町とこの花園の村は車窓につづく」と記している。

その後、間宮七郎平に話を聞くなど何回か取材を重ねて、昭和三十二年に単行本として出版され、『花物語』という題名で映画化もされている。

（森田　保）

抱湖園（間宮七郎平花卉栽培記念の地）　住所／南房総市和田町花園　交通／JR和田浦駅から徒歩25分

多くの親子を楽しませた谷津遊園はどうなった？

海水浴で親しまれた谷津《やつ》遊園は、かつての行徳《ぎょうとく》と同様、塩田が広がっていた所で、伊藤新田といわれ、明治三十四年（一九〇一）には農商務省塩業試験所が設けられたこともある。その後、スッポン養殖などの養魚場に転用されたが、大正六年（一九一七）九月三十日の津波で荒廃していたのを同十四年に京成電気軌道株式会社（京成電鉄株式会社）が買収、遊園地とし、昭和四～五年（一九二九～三〇）ごろには体裁も整い、親子連れの歓声が聞こえるようになった。敷地内には勧業銀行の旧館を移築した和風の楽天府（昭和十四年、千葉市市庁舎として譲渡）がそびえ、読売巨人軍の谷津球場、坂東妻三郎《ばんどうつまさぶろう》のトーキースタジオが設けられていた。

遊園地内の園芸植物は、開園当時からアメリカの代表的園芸会社バー・ピイ社

谷津バラ園

からパンジー、フロックス、マツバボタンの新種を取り寄せ、四季折々、草花が咲き誇っていた。
　第二次世界大戦後は、食糧難の時代ながらも昭和二十二年（一九四七）いちはやく再開。納涼台、公認プール、園内劇場、ボート池、遊技場などの施設を拡充。昭和二十九年には水禽《すいきん》舎、猿舎、装飾塔を新築して動物園、植物園としても名実ともに整い、京成電鉄のドル箱的存在となった。同年八月一日の営業は入園者数二万三〇〇〇人、一二六万円の収入を上げた。十月一日からは江戸

谷津バラ園　住所／習志野市谷津3-1-14　交通／京成谷津駅から徒歩約5分

時代、市中で盛んだった菊人形を復活、千葉県ゆかりの佐倉義民伝、日蓮《にちれん》一代記、里見八犬伝など三六景を飾り付け、以来恒例の秋の催しとして定着した。

バラ園の開設は昭和三十二年、園の東北隅の六六〇〇平方メートルを充て、フローラ像を中心にバラ一〇〇種、四〇〇〇株を植え込んだ。翌年には、隣接の池三分の二を埋め立て、四〇〇種を一品種六本の割で配置、世界三大バラ園に数えられた。

谷津遊園は東京ディズニーランド開園にともない、昭和五十七年十二月二十一日閉園となり、旧バラ園の一部四・一ヘクタールが新バラ園（谷津バラ園）として習志野《ならしの》市によって管理されている。

（森田　保）

第 6 章　生 物 編

一羽も見ることができなくなった
大巌寺の鵜

浄土宗知恩院末、竜沢山《りゅうたくさん》玄忠院《げんちゅういん》大巌寺《だいがんじ》（千葉市）は、江戸時代、代々の徳川家から崇敬を受けて寺領一〇〇石を安堵《あんど》され、浄土宗の檀林《だんりん》（学校）としても知られていた。略縁紀には松戸一月寺《いちがつじ》と同様、縁切寺として不入の特権を持ち、殺生禁断の地として数千羽の鵜《う》が生息。村人は樹間に藁《わら》を敷き、樹上から落とす糞《ふん》を入札によって集め、肥料としていた。

ときには鵜がくわえてきた魚を地上に落とすこともあって、まさに「山に入りて魚を得る」奇観を呈したという。

大巌寺に生息したカワウはウ類のなかでも最大級。全長約八〇センチメートルになり、翼を広げると長さは一五〇センチメートルに達する。肩と背面は黒褐色、それ以外は黒緑色で光沢がある。

大巌寺　住所／千葉市中央区大巌寺町180　交通／JR蘇我駅から徒歩約20分

戦前、約二万羽の鵜が生息した大巌寺裏山の木々は糞で白く染まるほどだったが、昭和三十年（一九五五）ごろ、千葉市臨海部が埋め立てられ、工場の進出とともに、個体数が激減、数千羽になった。昭和四十年ごろには約四〇〇〜五〇〇羽、昭和四十二年十月二十七日の実地調査では生息樹八本に二一三羽を確認、昭和四十六年十月十九日ではたった二八羽。昭和四十七年以降一羽も見ることはできなかった。

カワウは留鳥であるが、ウミウとヒメウミウは冬の渡り鳥であり、カワウは背中の色がウミウよりも銅色が濃いのが特徴。採餌《さいじ》の場は内湾の奥、湖沼、河口に限られる。その生息地は、千葉の大巌寺のほか、琵琶湖《びわこ》の竹生島《ちくぶじま》、愛知県の鵜の山が知られていた。東京湾では、戦前六郷川河口、羽田付近にも見られたが一時まったく姿を消した。

鵜は強力な飛行力を持ち、高空を飛ぶこともできる。昭和二十五年九月、相模《さがみ》川《がわ》河口干潟に現れた一羽のカワウは、上野公園不忍池《しのばずのいけ》で増えた個体群中の一羽とされている。

（森田　保）

利根川河口に南米魚ペヘレイは定着したのか？

昭和四十一年（一九六六）五月、アルゼンチン在住邦人六名が集い「ペヘレイ日本移植有志期成会」を結成した。

ペヘレイはスペイン語の Pez del Rey ――「魚の王様」という意味。スズキ目トウゴロウイワシ科という素性から、味のほどは察せられようというもの。刺身、てんぷら、煮物、焼物と和洋の調理になじみ、南米の邦人が故国の人に食べさせたいと思うのは当然だった。

ペヘレイはブラジルからウルグアイ、アルゼンチン、チリの河川、湖沼、沿岸に海産六種、汽水四種、淡水六種が分布するというが、調査未詳なので重複もあるらしい。体長は五〇センチメートルほどになり、体高は体長の一七・五～一八・四パーセント。

ペヘレイ　画像提供：森山定雄

日本に移入されたオドンテステス属は、プランクトンを主食とするので食害の心配なしと判断。発眼卵《はつがんらん》が昭和四十一年九月、十月の二回空輸され、神奈川県淡水魚増殖場では二回目の卵から三万一〇〇〇尾を得た。

千葉県内水面試験場でも昭和五十六年度から稚魚を搬入、同五十八年より親魚から採卵、稚魚飼育、天然水域への放流試験を行ってきた。

平成二年（一九九〇）七月～翌年三月には利根川《とねがわ》下流域の水質での生息が可能かを知るため、香取《かとり》郡東《とうの》庄《しょう》町石出地先で、一年魚一〇〇匹の生《い》け簀《す》飼育試験が行われている。結果は、当初放養数の一割が生存。成長が認められ、利根川河口域での生育の可能性は推測されたものの、生残数、寄生虫、赤潮などが問題点となった。現在、大規模な流通はないが、釣り人が時折、釣り上げることがある。

（森田　保）

チョウトンボは先祖の精霊か？

世界には約五〇〇〇種のトンボが飛び交っている。日本列島では、本州だけでも一一二種三亜種が確認され、千葉県では七六種知られている。

そのうち利根川《とねがわ》水系では、他地方と隔絶した分布を示すオオセスジイトトンボとこれに似た分布のオオモノサシトンボが知られている。

江戸川河口で発見されたヒヌマイトトンボは、東京湾に近い淡水域という特殊な環境で生息し、飛翔《ひしょう》力が弱いので幼虫時代からこの環境から離れられないようで、都市化の進行にともない消滅が心配される。

トンボの仲間には、出現する時期、あるいはその形から民間信仰と関わりをもつトンボがいる。たとえば初秋のお盆のころ忽然《こつぜん》と群れをつくって現れるウスバキトンボをショウリョウトンボといい、「ご先祖様がトンボに乗って家に帰って

チョウトンボ

来た」と手厚く迎え、捕らえることを哀れむ。トンボの翅胸《しきょう》背面の構造を観世音菩薩《かんぜおんぼさつ》に見立て、「トンボは観音の身代わり」という仏教信仰に結び付いた俗信もある。東北地方ではトンボに変身した魂が宝物を埋めた場所を知って長者になるだんぶり（蜻蛉《とんぼ》）長者伝説があるが、印旛《いんば》沼《ぬま》周辺ではチョウトンボを「センゲンサマ」と称している。

下総人《しもうさじん》にとって「浅間《せんげん》」の音読みは富士信仰、すなわち祖霊信仰にほかならなかった。浅間様の山開きと前後して現れるこのトンボは、チョウと見まがう金属的な瑠璃《るり》色の翅《はね》を輝かせて飛び立つ。木立の上をひらひら、ときには小さな群れをつくって舞う神秘的な美しさに、このトンボを「ご先祖」と崇《あが》めたのは自然な感情だったろう。

(森田 保)

水郷佐原の「豆電球」ヌカエビとは？

江戸時代初期から佐原市《さわら》（現香取市《かとり》）北部～茨城県東村《あずま》（現稲敷市《いなしき》）東部の低湿地帯は、十六島新田といわれていた。特に向津、砂場荒川地内の水路敷が昭和九年（一九三四）八月一日に「十六島ホタルエビ発生地」として国指定天然記念物になった。その機縁は、村の小学生だった栗林甲子男・金子靖の両君が大正十年（一九二一）の夏、遅い学習の道すがら水中に光るものを発見し、校長先生に報告したことによる。

その正体を東京慈恵会医科大の矢崎好雄教授らが調査したところ、雨の少ない夏の夜、水温の高い状態で体長二～三センチメートルのヌカエビが淡水産発光バクテリアに感染し、光り病により全身が発光することがわかった。発症から数時間で死にいたるもので、発光にいたるには〇・五パーセントの塩分を必要とした。

淡水産バクテリアとはいうものの、元来は海から来たらしく形態はコレラ菌に似ておりビブリオ・ヤザキイ・ヤジマと命名。人畜には伝染せず、土地の人は煮て食べたという。長野県諏訪湖《すわこ》でも発見例があったが、これは霞ケ浦《かすみがうら》産のワカサギの稚魚とともに移ったといわれている。

江戸時代、利根川《とねがわ》に直結していた印旛沼《いんばぬま》にもこの現象はカハボタルとして『利根川図志』に記載され、「亡者の陰火なる由……光は蛍火の色に似たり。夏秋の夜あらはるる。雨の夜は至って多し。……幽《かす》かに遠き水中より、一つの青き火閃々《ひらひら》と燃えあがりぬ」とあり、これもビブリオ・ヤザキイの感染例ではなかったかと解説されている。

昭和四十五年から四年間、県教育委員会がホタルエビの実態調査を行ったが、その報告は同年からホタルエビの発光が少なくなり、最後の光は昭和四十六年夏。理由は水質の変化にほかならず、利根川河口堰《かこうぜき》建設によって微量塩分の減少が発光菌に影響を与えたと結論づけ、昭和五十七年十月七日には天然記念物の指定を解除された。

（森田　保）

笠森の自然林と笠森寺の不思議建築

房総《ぼうそう》半島の山を南北に貫く大多喜《おおたき》往還は、房総中往還ともいった。この街道を、かつての長南《ちょうなん》宿で東西に横切る道が笠森道で、清水道ともいい、近世以前、外房《そとぼう》へ出るにはこの道が多用されたようだ。鎌倉の杉本寺《すぎもとでら》を一番とする坂東三十三番の札所は、房総において上総《かずさ》三、下総《しもうさ》三、安房《あわ》一を数え、最後が那古寺《なごじ》で海を渡って始点に戻る。

しかし、江戸時代には順番どおりでなかったらしく、三〇番の高倉観音を参り、木更津《きさらづ》船で江戸へ帰る人も多かった。

さて、三一番の笠森観音と三二番の清水観音の存在はこのルートが鎌倉中期に成立されたことをうかがえさせる。笠森寺《かさもりじ》の略縁紀では長元《ちょうげん》元年（一〇二八）の建立とされているが、昭和三十二～三十五年（一九五七～六〇）に解体修理され

笠森観音　住所／長生郡長南町笠森302　交通／JR茂原駅からバス笠森下車、徒歩7分

笠森寺の笠森観音堂

た笠森観音堂は、墨書銘から桃山時代の建立と推定されている。朝立山《あさだてやま》の巨岩上の四方懸崖寄棟《しほうけんがいよせむね》造りは棟高九一尺余り（約二七・三メートル）。全国で例がなく、明治四十一年（一九〇八）、本県の最初の国指定重要文化財となった。

縁起では伝説的な物語が記されているが、伝承してきた「笠」あるいは「笠森」の信仰と観音信仰が結び付いたものとされている。

本房前の女人坂参道には仁王門手前右側のやぐらに三基の句碑がある。芭蕉《ばしょう》の碑を中に、右が蓮二《れんじ》（各務支考《かがみしこう》）、左が雲《うん》裡《り》の拝み墓形式の特

清水観音　住所／いすみ市岬町鴨根1270　交通／JR長者町駅から車で7分

異なものである。碑は安永《あんえい》六年（一七七七）十月十二日、芭蕉忌にちなんで建立された。

当時の笠森寺は、現在の本房の楠光院《なんこういん》ほか八房の伽藍《がらん》があり、多くの僧侶が生活していた。住僧のなかには俳句を好む人もいた、考貝もその一人だった。

考貝は渡辺雲裡に師事し、雲裡の一七回忌にそのまた師匠である蕉門十哲の一人各務支考という三代の報恩のための建立であった。

芭蕉の碑表には「芭蕉翁　五月雨に此笠森をさしもぐさ」とある。「さし」は笠を差し、

笠森寺を囲む自然林

笠森を指していて、縁語や懸詞《かけことば》で構成は単純ではない。さしもぐさは草餅《くさもち》に入れるヨモギの異称である。

笠森の自然林は延暦《えんりゃく》年間(七八二〜八〇六)、禁伐採だったと伝えられている。現在は、暖地の残存林として国指定の天然記念物に指定されている。(森田　保)

日本で初めて食虫水草が発見された場所

明治二十三年（一八九〇）五月二十一日に牧野富太郎《とみたろう》博士がムジナモを発見して一〇〇年余り、この間、大正十年（一九二一）には国の天然記念物に指定された。当時、発見地の江戸川沿いの小岩村伊預田（現東京都江戸川区、京成電鉄江戸川鉄橋下河川敷の区営グラウンド付近）は、三〇以上の池、沼が散在していた。

発見地は用水池で、偶然のことだったという。このムジナモは、ハエジゴクからとげをとった形に似ており、英名をウォーター・ディオネア。水車のような葉を連ね、三〇節を連ねるのはまれだが、『牧野植物大図鑑』には長さ六～二五センチメートルとあり、葉輪は袋状で虫が入ると葉が閉じるという。

ムジナモの由来は、この頂芽の部分がムジナの尻尾《しっぽ》のようにふさふさしていることによる。また、藻というものの藻類ではなく、高等な被子植物に属する。

ムジナモ

ムジナモが一般に知られたのは、ムジナモという和名もさることながら、日本のそれが開花すること、日本ではじめて培養に成功したからといわれている。

　外国の図鑑に掲載されているムジナモの花は、牧野博士の写生図によっているが、捕虫運動機構の説明は芦田《あしだ》 譲治《じょうじ》博士の研究結果によるところだった。

　ムジナモは、水質に敏感で弱酸性を好む。かつては千葉県内の利根川流域に分布していたらしいが、利根川水系最後の自生地だった埼玉県羽生《はにゅう》市宝蔵寺沼のものも昭和四十六年（一九七一）ごろに絶滅し、保護増殖が試みられている。


（森田　保）

江戸の鴨猟を引き継いだ場所はどこ？

徳川家は慶応《けいおう》三年（一八六七）四月、「拳場《こぶしば》・捉飼場《とらえかいば》とも御用これなく」とし、家康以来の鷹《たか》による狩猟場を廃止した。しかし、明治政権が確立すると、内務卿《きょう》伊藤博文は皇室の狩猟場を江戸川筋に設定させ、明治十七年（一八八四）には北足立、南埼玉、北葛飾の区域のほか、第三区には千葉県行徳《ぎょうとく》地域も含めた。以来、この広大な皇室の御猟場にはカイツブリ、バン、クイナ、シラサギなどが棲息《せいそく》し、戦前には唯一のサカツラガンの定期渡来地でもあった。戦後は昭和三十九年（一九六四）まで、東京湾最後のマガンの越冬地でもあり、この猟場で唯一の記録であるメジロガモが捕獲（昭和三十四年十二月）されている。

総面積約三二万三〇〇〇平方メートルの新浜《にいはま》御猟場（市川市行徳）は、正式名を宮内庁猟場といい、明治二十六年にできあがった。当時、新浜のほか、浜離宮、埼玉県にも類似施設がつくられた。

宮内省式部職編の『放鷹《ほうよう》』（昭和六年刊）によると、御遊猟場掛の設置は明治十四年ごろとされ、同十一年には宮内省主猟局（のちに主猟寮と改称）、大正十年（一九二一）には式部職主猟課が主管課となっている。

明治政府による徳川家以来の鷹場復活は、前世紀ヨーロッパ王室に見られた貴賓外交の模倣といわれ、明治・大正のころにはシルクハット、ボンネットの外交団が馬車で御猟場に乗り付けた。

外部からはうかがいしれない約一万三〇〇〇平方メートルの元溜《もとだま》りという池には放射状に「引堀」があり、アヒルをおとりに鴨《かも》をここへ誘導する。

引堀には両側に五人ずつ、十人が「さで網」という一平方メートルほど開口部のある網を持って待ち受け、鷹匠《たかじょう》の動作で鴨が飛び立つところを捕らえて獲物は標識を付けて放たれる。


（森田　保）

徳川光圀も訪れた黄金井戸の謎

国指定天然記念物になっている「竹岡のヒカリモ発生地」は、以前からすでに黄金の井戸として知られていた。

徳川光圀《みつくに》の水戸から鎌倉経由江戸・小石川への旅の年、延宝《えんぽう》二年（一六七四）の干支《えと》は甲寅《きのえとら》。これにちなんだらしい『甲寅日記《こういんにっき》』によると、「萩生《はぎゅう》村に至る。村を出ずる道の右に天照大神と大日《だいにち》との社、一所にあり。弁財天の岩穴の内に濁水少し許《ばかり》あり。その色黄なり。土俗が云《いわ》く『これを黄金の花と云《い》う。春秋の彼岸に花咲く』」

と記されており、かなり細かく観察している。

ヒカリモの発生は千葉県下ではさして珍しくなく、かつて佐倉市鏑木《かぶらぎ》の公民館脇の崖《がけ》、香取《かとり》神宮裏の境内、千倉《ちくら》町忽戸《こっと》（現南房総《みなみぼうそう》市）大船山の麓《ふもと》などでも

竹岡のヒカリモ発生地（黄金井戸）　住所／富津市萩生1176　交通／JR竹岡駅から徒歩3分

「黄金井戸」のヒカリモ　©（公社）千葉県観光物産協会

報告例があった。この藻は黄色鞭毛藻《べんもうそう》類に属し、顕微鏡下で体は球形の単細胞を呈し、細胞内にあるお椀形《わんがた》の色素体が光線を反射して黄金色となる。

発生地はＪＲ竹岡駅近くの国道一二七号線に沿った所にあり、高さ約三メートルほどの海食洞窟《どうくつ》で、その広さは間口三メートル、奥行き十メートルくらい。畳数にして三～四畳、水深は約七〇センチメートル。海岸暖地にあるため氷結せず、枯渇しないのも絶えず壁面から水滴が落ちているからであろう。

彼岸ごろ、ほかに例を見ないほど水面いっぱいに繁殖し、わが国に古くから知られた最初の発見地として、天然記念物保護に尽力した三好学博士に同定され、昭和三年（一九二八）国指定となっている。

昭和三十二年には、現天皇も皇太子時代に訪れ興味深く観察されたという。

徳川光圀が上総《かずさ》萩生村（現富津《ふっつ》市）を訪れたのは延宝二年四月二十九日、四七歳の壮年のころだった。光圀の通過は地元に一大事件であったろう。紋付着用で出迎えた村人がお見せできたのはこの井戸くらいだったが、これを嘉として紀行文に書き留めたのは光圀の好学の性格だったからであろう。

このときの旅は水戸家ゆかりの鎌倉・英勝院墓参も目的であったが、勝山に住んでいた石井三朶花《さんだか》の引見もその一つであり、『大日本史』編纂《へんさん》のため三顧の礼をとることだった。

（森田　保）

「湾岸ケンカグモ」の遊びとは？

春先、小さなクモを捕まえて小さな箱（マッチ箱など）の中で戦わせる男の子の遊びがある。このクモの正式名称はネコハエトリといってこの雄どうしを戦わせた。

この遊びは房総《ぼうそう》南部一帯が最も盛んで、君津、安房《あわ》地方がその本場。昭和三十年代に急激にこの遊びは衰退したが、今でも富津《ふっつ》市富津では大人も子どもも夢中になる。当地の八坂《やさか》神社で愛好会により大会が毎年開かれていて十数年になる。

富津市富津・千種新田《ちぐさしんでん》などでフンチ、西川《にしかわ》・大堀《おおほり》、君津市上湯江《かみゆえ》・小香《しょうこう》などでカンキ、市原市でカネグモ、安房郡鋸南《きょなん》町保田《ほた》でカネコ、館山市那古《なご》・鴨川《かもがわ》でゴトウと、土地によってそれぞれ呼び名が違う。ある地域ではかつての小学校区単位で呼び名が違うのは、この子どもの遊びがどこでも受け入れられ、夢中になっ

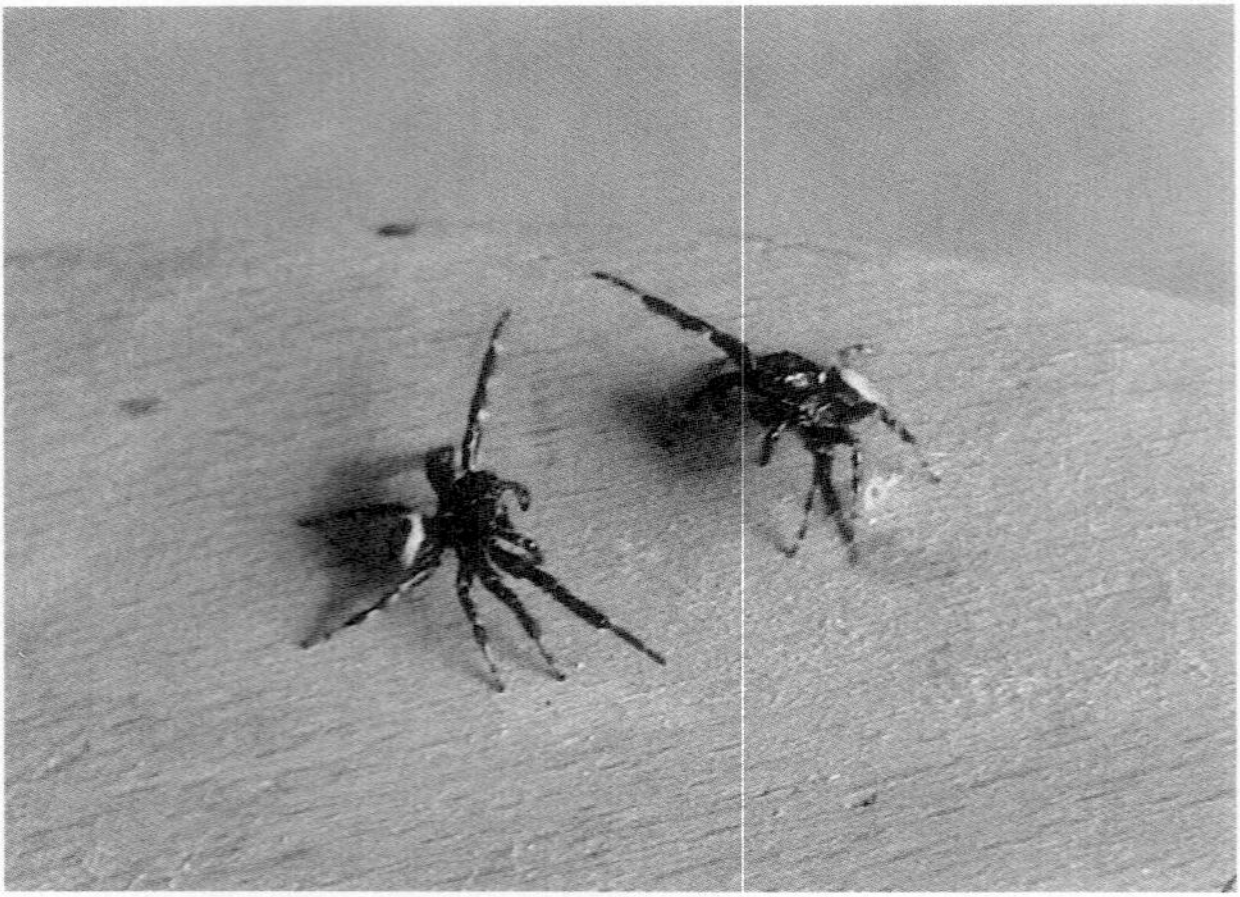
ネコハエトリの決闘　撮影：小早川晶

ていたためだろう。
対岸の横浜ではホンチと呼ぶ。富津と対岸との人々の交流をしのばせる遊びで、どうも本場は千葉県側でこれが横浜の方へ伝わったものと考えられる。というのはかつて富津から対岸の横浜や横須賀に船便があって人々の往来があったからである。
このクモの遊びはもともと漁民が、漁の合い間にやった遊びが広まっていったと思われる。当時は風まかせの帆を使った船の時代だったから、ちょっとしたシケでも出漁できずにいたので、暇にまかせてやったものだろう。

富津市西川のW氏（昭和十六年生まれ）の話によると、ババ（亜成体《あせいたい》）を捕まえて、アサリの貝殻の中に入れ、絆創膏《ばんそうこう》で留め、これを首から提げた袋に入れ、ズボンの間に入れて温めた。カマ（触肢《しょくし》）が水色に変わってくるとかえる（脱皮《だっぴ》）。

クモがケンカを始めると、両手（第一歩脚《ほきゃく》）を上げ、寄り進み、組み合うと腰（腹部《ふくぶ》）を上下に振る。これは九州加治木《かじき》のクモ合戦（コガネグモ雌）よりずっと面白いと思う。夏には卵と一緒にババ（夏ババと呼び名するところもある雌成体）がいて、前述のババ（亜成体）とそっくりでカマは橙色《だいだい》だった。ババを早い時期に捕まえたいときは、落ち葉を探して、二枚くっついたものを選んだ。このときは餌になるへー（蝿《はえ》）も出ていないから、藁《わら》みご（細い稲の軸）でツバ（唾液《だえき》）を付けて育てた。君津市上湯江のI氏の話によると、これを入れる桐《きり》製のクモ箱が売られていたという。

（川名　興）

江戸川に逃げたアメリカナマズ

鹿島地方では、鹿島神宮奥宮の要石《かなめいし》が、地震を起こす大ナマズの頭を抑え込んでいるため、地震が起こらないという。

ナマズの地震予知能力は『安政《あんせい》見聞誌』に記録があり、この関係は古くから注目されている。

利根川《とねがわ》下流では、けっこうナマズを食用にしていた。たとえば「ナマズのひっこかし」はナマズ一匹をみそ煮にしたもの。水からよく炊き上がったところで、頭を持ち、胴の肉を箸《はし》でこき落とした。根菜類を入れて灰汁《あく》抜きし、薬味にネギを加える。その頬肉《ほほ》は脂が多く、ところによっては「鯰《なまず》の頬肉三万石」という。

ナマズは温度の上がる平地の湖沼に多いが、育ち方がまちまちなため共食いが激しく、養殖は不可能とされた。印旛沼《いんばぬま》には黒いナマズのほか、黄色いトラナマズが生息。獰猛《どうもう》なトラナマズは、クロナマズも食べてしまうそうだ。

昭和五十七年（一九八二）の夏台風のあと、江戸川にアメリカナマズという新種が出現した。翌年にはおよそ二五センチメートルから三〇センチメートルのものが揚がりはじめた。味はさほどではなく、骨も硬い。胸ビレのとげも大きく、網にかかると始末に悪い。

このアメリカナマズ、実はチャネル・キャットフィッシュ（イクタルリディー科）が正式名。昭和四十年代に輸入され、養殖地から逃げ出したもの。埼玉県では昭和五十三年ごろから食用に養殖しはじめ、在来種の代用にしている。

ただアメリカナマズは一夫一婦制でペアリングが難しく、養殖ものも水産試験場産の稚魚を育てている。

（森田　保）

ハマオモトの自生地の北限は？

ヒガンバナ科の浜万年青《はまおもと》は浜木綿《はまゆう》ともいい、常緑の高さ一メートルにもなる多年草で、関東以南の海岸砂地に自生する。

山井廣《ひろし》氏の『南房総における海浜植物』では、小清水卓二《こしみずたくじ》博士の海流分布説が次のように紹介されている。

「数層のコルク層をもつ種は海水に浮き、しかも海水に二百日以上も生存可能であることから、黒潮にのって日本列島に漂着し、それが発芽生育するとき、冬の最低気温に制限されて分布……年最低平均マイナス三・五度の等温線で年平均気温一五度の等温線とほぼ一致している。南房総はこのハマオモト線の北限にあたる」

このように書かれており、調査結果から館山市沖の島、坂田、平砂浦《へいさうら》、白浜町

浜辺に咲くハマオモト

根本（現南房総市）に自生を確認している。

分布はポリネシア、オーストラリアに及び、壮大な海上の道をうかがわせる。

『万葉集』中の柿本《かきのもとの》朝臣《あそん》人麻呂《ひとまろ》の歌に「み熊野の浦の浜木綿百重なす……」とあり、それは葉のもとの筒型のネギの白根にあたる幾重にも巻き重なった部分をいい、また夏に茎頂に白花を散形花序に配列するのを「花盛の時は白木綿を見るがごとし、よってはまゆうとなづく」（『筆のすさび』）とあり、夏の夜、ハマオモトの清楚《せいそ》な香りは、冬の夜の梅香に対比される。

昭和二十七年(一九五二)、このころはラジオ全盛時代だった。その七月、NHKで放送された「君の名は」は、銭湯の女湯を空にしたという伝説があり、映画化もされた。そのテーマ曲の歌詞は、「君の名は」から始まり、そしてその三節には、「浜木綿」という言葉が出てくる。

(森田　保)

房総でアジサイを忌むのはなぜ？

アジサイは日本在来の植物である。温暖な房総《ぼうそう》半島では六月上旬から咲きはじめ、満開は西日本では開花日から約二〇日遅れ、東北地方では一〇日間くらいに短縮する。

昭和三十三年（一九五八）に国民投票により月ごとの花暦が選ばれ、六月はアジサイとハナショウブ。しかしその投票の詳しい経緯はわからない。

県内の名所は、南から鋸山山麓《のこぎりやまさんろく》の日本寺《にほんじ》（鋸南町《きょなんまち》）の二万株、麻綿原天拝園《まめんばらてんぱいえん》（大多喜町《おおたきまち》）の四～五万株、服部農園のあじさい屋敷（茂原市《もばらし》）一万株、ひめはるの里（同）三五〇〇株、袖ケ浦公園《そでがうらこうえん》（袖ケ浦市）五〇〇〇株、多古町《たこまち》あじさい遊歩道の一万株、旭市《あさひし》のふれあいアジサイロードの一五〇〇株、松戸の小金本土寺《ほんどじ》も人気スポットである。

日本寺　P143参照

アジサイは『万葉集』に二首、平安期に三首、鎌倉期に一五首、室町時代では一四首が見えるが、どちらかというと「かたしろぐさ」とか「しちだんか」という異名があるように、庭に植えるのを忌んだようだ。婚礼の衣装にもこの文様は使われず、佐久間象山《ぞうざん》の歌にも「昨日今日あすと移ろふ世の人の　心に似たるあぢさゐの花」とある。

一九世紀にヨーロッパに渡ったアジサイは、ロンドンのキュー植物園では「東洋のバラ」と絶賛されて、一〇〇種に上る変種を生んでいる。

かつて東葛飾郡《ひがしかつしか》で、花を土用の丑《うし》の日に便所につるすと疫病にかからないと信じられた。球状でハチの巣に似ており、それが魔よけに使われた例と同じ俗信であり、花の変色が特別に感じたのであろう。

サワアジサイの葉は、抹茶のようにすると飲用にできる。民間療法では心臓病に用いられたり、感冒に花の汁を熱湯で煎《せん》じたりした。間庭《まにわ》秀雄博士（元千葉医大）はアジサイから甘味料の抽出に成功。庶糖の代替として糖尿病患者の医薬品となっている。

（森田　保）

麻綿原天拝園　住所／夷隅郡大多喜町筒森1749　交通／圏央道市原鶴舞ICから約1時間20分

神崎の森は日本のローレライ？

利根川《とねがわ》下流右岸にある神崎《こうざき》の森は、神崎神社の社叢《しゃそう》である。高さは約二五メートルほどながら水際から屹立《きつりつ》し、利根川を往来する船頭らの良い目印になっていた。

水量を増した利根川は崖下を迂回《うかい》して流れ、川筋で最も深く不気味な渦が巻き、まさにドイツのライン川流域の名所であるローレライに比すべき難所だった。

香取《かとり》郡神崎町で記録された民謡、とばきり歌にも、

♪ハァーエー　ここは神崎の　アラ　森の下　舵《かじ》をばよく　とれヨ　船頭さん

と歌われていた。川筋は明治から大正にかけて、湾曲部を二四〇〇メートルのまっすぐな流れでバイパスしてしまったため、旧流路は沼となっている。

神崎神社　住所／香取郡神崎町神崎本宿1944　交通／JR下総神崎駅から徒歩20分

延宝《えんぽう》二年（一六七四）、徳川光圀《みつくに》が当地を訪れた。『甲寅《こういん》紀行』の四月二十六日の項には、「……押沙を出て、一葦《いちい》に乗じて川を渡る。此川、常陸《ひたち》と下総《しもうさ》の堺なり。神崎の神社に詣す。何の神と云《い》ふ事を知らず。神崎明神と云ふ。北条家の旧き文書等あれども、分明に見えがたし……社の左に大老樹あり。枝葉長大にして橡樟《くす》に似たり。社司長《なが》門《と》が云ふ。『此は神木なり。昔より樹名知れず』と、後に上総の湊《みなと》に至り樟木《くすのき》を見るに、果たして此と社と同じ」とある。

神崎神社の境内にそびえるクスノキ（なんじゃもんじゃの木）

　口碑では水戸黄門《こうもん》説だが、実は日本各地に同名があり、多くはクスノキ、バクチノキ、ヒトツバタゴである。なかでも代表格がヒトツバタゴであり、対馬《つしま》と中部地方西部に隔離的に分布するという。

（森田　保）

著者一覧

森田　保（もりた・たもつ）　１９３２年、千葉県生まれ。千葉県立中央図書館副館長などを経て、現在、船橋市文化財審議委員。

新羅愛子（しんら・あいこ）　１９３１年、千葉県生まれ。元千葉県立中央図書司書、元千葉市文化財審議委員。

青木更吉（あおき・こうきち）　１９３３年、茨城県生まれ。元東京都葛飾区立細田小学校教諭。

相原正義（あいはら・まさよし）　１９３５年、岩手県生まれ。元北海道教育大学教授、現在、聖徳大学非常勤講師。

川名　興（かわな・たかし）　１９３９年、千葉県生まれ。ＮＰＯ法人自然観察大学講師、富津市文化財審議員。

河野浩一（かわの・こういち）　１９５５年、鹿児島県生まれ。ライター、編集者。

本書は、『江戸東京湾事典』（新人物往来社、1991年）および『利根川事典』（新人物往来社、1994年）から選んだ項目を大幅に改筆し、書き下ろし項目を加えて新編集したものです。

千葉県謎解き散歩　目次より

第一章　千葉県ってどんなとこ?

県民性――「古い千葉」と「新しい千葉」が混在／プロスポーツ――習志野はプロ野球発祥の地／グルメ――銚子電鉄復活に一役買ったぬれ煎餅／メディア――大震災で地方局の大切さを知った千葉県民／対抗意識――埼玉県がライバル!?／コラム　千葉県の名門校――強豪校がしのぎを削る高校サッカー

第二章　歴史・一般編

なぜ姉妹都市になった御宿とアカプルコ／銚子から江戸へ、鮮魚特急便の近道は?／木釘の記念碑がなぜ豊四季に／佐倉連隊古井戸の怪／国木田独歩が銚子をあれほど慕ったのは?／風船爆弾発射基地がなぜ米軍に知られたのか／東京湾上の被弾米軍機が生還できたのはなぜ／江戸時代、房総に和算が盛んだったのはなぜ／赤松宗旦・自費出版『利根川図志』の謎／『南総里見八犬伝』の刊行が二九年間続いたのはなぜ／西の長崎、東の佐倉と称された蘭学流行／コラム　千葉県のなんでもナンバーワン

第三章　人物・産業編

青木昆陽はなぜ甘藷先生と呼ばれたか／モデルが多い『野菊の墓』の不思議な魅力／なぜ名をあげた?　飯岡の侠客助五郎／スパイ視された伊能忠敬、四千万歩の測量!／誰が出していたか一茶の旅行費用／近藤勇はなぜ流山に行ったのか／佐原喜三郎が死罪を免れたのはなぜ／習志野・地名由来の猛将、篠原国幹の最期／大学の先生も手を出せない七天王塚の祟りとは?／夢二の「宵待草」のモデルは誰?／裸の大将、山下清の不思議な人気／明治工業の父、西村勝三の不思議人生／オランダからの手紙の主は下総生まれの遊女?／臼井になぜ雷電為右衛門の碑があるのか／印旛沼干拓未完成はなぜか／上総掘り自噴のふしぎ／九十九里の干鰯はなぜ全国的商品に／房州かつお節の秘法は誰が伝えた?／ニューヨークにも輸出された佐倉茶は今?／両総に昔、人車トロッコありき／佐原になぜ土蔵造りの家が多い／日本一の神輿作りはなぜ行徳で?／コラム　千葉県「発祥」のあれこれ

第四章　地理・考古編

江戸川をなぜ利根川と言ったのか／「月の砂漠」のモデルはどこの浜?／九十九里ないのになぜ九十九

里浜か／柏市・布施河岸の繁栄は利根川中流の浅瀬のためか／下総台地のあちこちに残る長い土手は何のため？／どうして上総が南にあって、下総が北にあるの？／地震！　予想外の場所でも液状化現象が／堤防に囲まれた村の生活は？／夕日の手賀沼に逆さ富士が映るのはホント？／お雇い外国人が設計した利根運河の末路！／なぜ、利根川の右岸（千葉県側）に茨城県が……／銚子は古代琥珀の原産地とヤシの実の終着点？／千葉県はなぜ貝塚日本一？／古代安房国から千鮑が貢進されたのはなぜ／日本最大の方形墳、岩屋古墳の主は？／コラム　千葉県出身の有名人

第五章　宗教・民俗編

利根川畔になぜ香取の大鳥居がある？／山下イコンの行方は／三十三年に一度しかめぐり逢えない坂戸の大十夜／三島神社奉納の棒術は古武術の名残？／コレラもよける成田のお不動様？／船橋大仏はなぜ飯粒で供養する？／白蛇に祟られた眼助大師？／萬満寺の仁王様、江戸へお出かけ何のため／不思議の寺、水にご縁の龍角寺／過去帳は物語る、家康入府後の武田の遺臣／日本四番目の古鐘、なぜ佐賀から成田に／房総に出没した不思議な河童たち／富士山に腰掛けて貝を食っていた巨人たち／柳田国男が注目した子安講のシンボル？／コラム　意外と温泉も豊富!?美肌の「黒湯」で癒される

第六章　生物編

なぜ幻の魚となった東京湾のアオギス／東金・雄蛇ヶ池の怪奇生物、オジャッシー／ウナギを決して食べない不思議な話／東京湾ではタダ同然、ムール貝の不思議／成田山専用のお化けゴボウ／不思議なサケの回帰性と房総／ビワを植えると家人の誰かが死ぬ？／大賀ハス、なぜ二千年経て花が咲く／花咲いて人知れず土中に実る不思議な豆／コラム　千葉県が舞台の映画・ドラマ・マンガ

番外編　房総の不思議伝説

お松棒杭（千葉市）／大鰻の祟り（我孫子市）／城山キツネの祟り（市原市）／稲荷火（佐倉市）／阿蘇沼の鷺伝説（八千代市）／瀬戸のカナブン（南房総市）／島村ガニは武士の霊魂（安房郡鋸南町）／岩和田の海の王（夷隅郡御宿町）／たんたん清水（富里市）／山倉大神のサケ（香取市）／チロリン橋（匝瑳市）／猫の宴会（市原市）／供養を求めた猿（市川市）

森田　保（もりた　たもつ）
1932年千葉県生まれ。千葉県立美術館副館長、千葉県立中央図書館副館長などを経て、和洋女子大学、江戸川女子短期大学講師を歴任。共著書に『江戸東京湾事典』（新人物往来社）、編著書に『千葉県謎解き散歩』（新人物文庫）など。現在、船橋市文化財審議委員。

本書の内容に関するお問い合わせ先
中経出版BC編集部　03(3262)2124

新人物文庫
千葉県謎解き散歩２

2014年２月10日　第１刷発行

編著者　森田　保（もりた　たもつ）
発行者　川金　正法
発行所　株式会社KADOKAWA
〒102-8177　東京都千代田区富士見2-13-3
03-3238-8521（営業）
http://www.kadokawa.co.jp
編　集　中経出版　新人物文庫編集部
〒102-0083　東京都千代田区麹町3-2 相互麹町第一ビル
03-3262-2124（編集）
http://www.chukei.co.jp
落丁・乱丁のある場合は、送料小社負担にてお取り替えいたします。
古書店で購入したものについては、お取り替えできません。
DTP／ニッタプリントサービス　印刷・製本／中央精版印刷

ISBN978-4-04-600176-4　C0125